FUNDAMENTOS DO TURISMO

O selo DIALÓGICA da Editora InterSaberes faz referência às publicações que privilegiam uma linguagem na qual o autor dialoga com o leitor por meio de recursos textuais e visuais, o que torna o conteúdo muito mais dinâmico. São livros que criam um ambiente de interação com o leitor – seu universo cultural, social e de elaboração de conhecimentos –, possibilitando um real processo de interlocução para que a comunicação se efetive.

Fundamentos
do turismo

Marcos Eduardo Carvalho Gonçalves Knupp

Rua Clara Vendramin, 58 . Mossunguê . CEP 81200-170
Curitiba . PR . Brasil . Fone: (41) 2106-4170
www.intersaberes.com . editora@editoraintersaberes.com.br

Conselho editorial	Dr. Ivo José Both (presidente)
	Drª. Elena Godoy
	Dr. Nelson Luís Dias
	Dr. Neri dos Santos
	Dr. Ulf Gregor Baranow
Editora-chefe	Lindsay Azambuja
Supervisora editorial	Ariadne Nunes Wenger
Analista editorial	Ariel Martins
Revisão	Camila Cristiny da Rosa
Capa	Laís Galvão dos Santos (*design*)
	Fotolia (fotografia de capa)
Projeto gráfico	Conduta Produções Editoriais
Diagramação	Capitular Design Editorial
Iconografia	Vanessa Plugiti Pereira

Dados Internacionais de Catalogação na Publicação (CIP)
(Câmara Brasileira do Livro, SP, Brasil)

Knupp, Marcos Eduardo Carvalho Gonçalves
　Fundamentos do turismo/Marcos Eduardo Carvalho Gonçalves
Knupp. Curitiba: InterSaberes, 2015.

　Bibliografia.
　ISBN 978-85-443-0312-2

　1. Turismo 2. Turismo – Administração I. Título.

15-09605　　　　　　　　　　　　　　　　　　　　CDD-338.4791

Índices para catálogo sistemático:
1. Planejamento turístico: Economia　338.4791
2. Turismo: Planejamento: Economia　338.4791

Foi feito o depósito legal.
1ª edição, 2015.

Informamos que é de inteira responsabilidade do autor a emissão de conceitos.

Nenhuma parte desta publicação poderá ser reproduzida por qualquer meio ou forma sem a prévia autorização da Editora InterSaberes.

A violação dos direitos autorais é crime estabelecido na Lei n. 9.610/1998 e punido pelo art. 184 do Código Penal.

Sumário

Apresentação, 9

Como aproveitar ao máximo este livro, 12

Capítulo 1 – Aspectos históricos do turismo: cronologia e evolução, 16

1.1 O turismo sob uma perspectiva histórica, 17

Capítulo 2 – Conceitos básicos e campos de estudo do turismo, 42

2.1 Tipos de turismo, 43

2.2 O estudo do turismo, 45

2.3 O turismo como fenômeno, 54

2.4 Definições e campos de estudo, 58

Capítulo 3 – Organização e estruturação: elementos do turismo, 74

3.1 Rede de atividades do turismo, 75

3.2 A dinâmica do mercado de turismo, 80

3.3 Organizações turísticas internacionais, 84

3.4 Organizações turísticas nacionais, 93

3.5 Organizações turísticas estaduais, 97

3.6 Organizações turísticas municipais, 98

3.7 Principais setores do turismo: o *trade* turístico, 99

Capítulo 4 – Políticas públicas e o turismo, 112

4.1 O despertar do desenvolvimento do turismo, 113

4.2 Políticas públicas de turismo no Brasil, 120

Capítulo 5 – O turista e o destino turístico, 136

5.1 A motivação do turista, 137

5.2 O comportamento do consumidor, 142

5.3 O destino turístico, 147

Estudo de caso, 165

Para concluir..., 169

Referências, 171

Respostas, 185

Sobre o autor, 191

Apresentação

Neste livro, serão apresentados vários conceitos que fundamentam o estudo do turismo. Nas últimas décadas, o turismo tem crescido efusivamente, tornando-se um importante setor econômico, intimamente relacionado ao desenvolvimento humano e que tem se transformado em um motor essencial do progresso socioeconômico em milhares de localidades. Diversos países, regiões, municípios, bem como empresas privadas e comunidades, têm se atentado a essa área, estabelecendo estratégias e prioridades que orientam o desenvolvimento da atividade turística.

Os estudos sobre o turismo têm sido realizados praticamente no mundo todo. São diferentes abordagens no campo acadêmico, podendo ser encontradas várias disciplinas – Administração, Economia, Ciência Política, História, Geografia e Sociologia – que tratam o setor com enfoques específicos. Portanto, existe uma problemática sobre sua nomenclatura e classificação: ora o turismo é tomado como uma indústria, ora como um fenômeno, ora como uma atividade. Assim, tendo em vista os cursos de formação de turismo que começaram a surgir e a se fortalecer ao longo das duas últimas décadas, é necessário aprofundar o tema dos fundamentos do turismo.

Nesse sentido, esta obra procurou responder em especial as seguintes questões: Como se deu o surgimento do turismo e qual é sua relação com o desenvolvimento das sociedades? De que maneira as definições e os conceitos básicos da área auxiliam no entendimento do setor? Que elementos fazem parte e como se forma a rede do turismo? Qual é o papel do poder público e o que faz ele se interessar pela área? Como as pessoas se comportam quando praticam o turismo? Quando essa atividade acontece? Quais são seus impactos e quais são as melhores práticas para o seu desenvolvimento?

Fundamentos do turismo

Marcos Eduardo Carvalho Gonçalves Knupp

Assim, o objetivo principal deste livro é fornecer elementos para a construção de um pensamento capaz de fundamentar o turismo de forma clara, objetiva e criativa, articulando teoria e prática. Para tanto, buscamos oferecer um texto motivador, cuja sequência torne o desenvolvimento do tema mais agradável. A obra apresenta de modo atualizado conceitos, informações e propostas metodológicas para o trabalho de ensino-aprendizagem na área do turismo.

O livro está organizado em cinco capítulos. O primeiro traz os aspectos históricos do turismo, sua cronologia e sua evolução, que remontam aos primórdios da humanidade. O segundo aborda as definições e os conceitos básicos, trazendo ao leitor discussões que o levam a compreender o turismo como um fenômeno, como uma indústria e como uma atividade. Em seguida, são apresentadas as organizações e a estrutura da área, por meio da dinâmica de mercado, das principais organizações internacionais, estaduais e municipais, bem como dos principais setores que compõem sua rede. No quarto capítulo, as políticas de turismo são expostas com a finalidade de discutir o papel do poder público como orientador para o desenvolvimento da atividade. Por fim, no quinto, são descritos aspectos sobre o comportamento de um dos atores principais do turismo, o viajante, bem como suas motivações e as decisões capazes de determinar a demanda. Esta última parte também trata dos impactos econômicos, socioculturais e ambientais, elementos intrínsecos à atividade em qualquer destino.

Como aproveitar ao máximo este livro

Este livro traz alguns recursos que visam enriquecer seu aprendizado, facilitar a compreensão dos conteúdos e tornar a leitura mais dinâmica. São ferramentas projetadas de acordo com a natureza dos temas que vamos examinar. Veja a seguir como esses recursos se encontram distribuídos no decorrer desta obra.

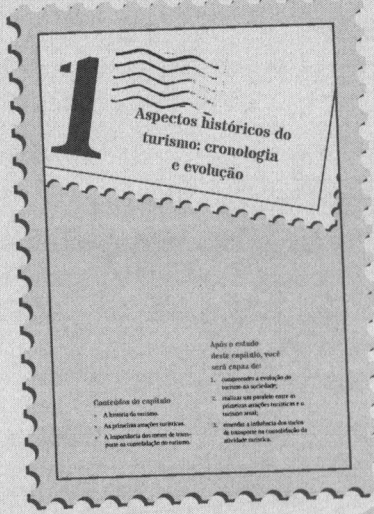

Conteúdos do capítulo

Logo na abertura do capítulo, você fica conhecendo os conteúdos que nele serão abordados.

Após o estudo deste capítulo, você será capaz de:

Você também é informado a respeito das competências que irá desenvolver e dos conhecimentos que irá adquirir com o estudo do capítulo.

Síntese

Você dispõe, ao final do capítulo, de uma síntese que traz os principais conceitos nele abordados.

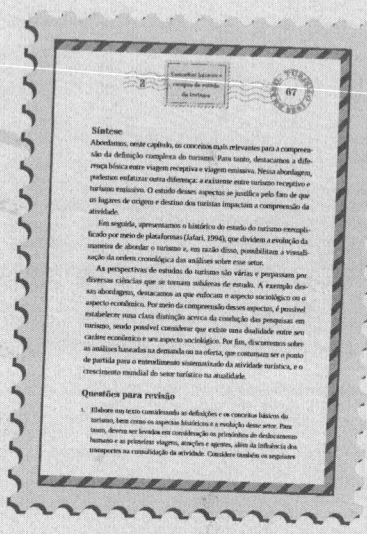

Questões para revisão

Com estas atividades, você tem a possibilidade de rever os principais conceitos analisados. Ao final do livro, o autor disponibiliza as respostas às questões, a fim de que você possa verificar como está sua aprendizagem.

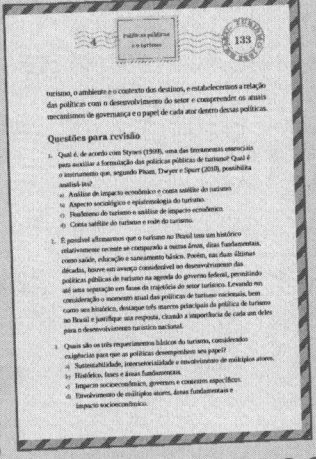

Questões para reflexão

Nesta seção, a proposta é levá-lo a refletir criticamente sobre alguns assuntos e trocar ideias e experiências com seus pares.

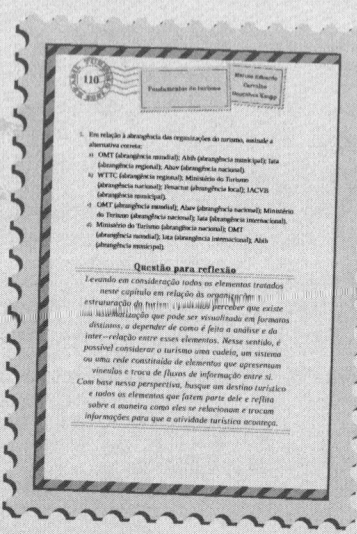

Para saber mais

Você pode consultar as obras indicadas nesta seção para aprofundar sua aprendizagem.

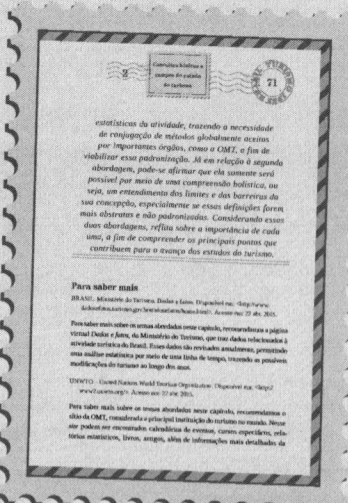

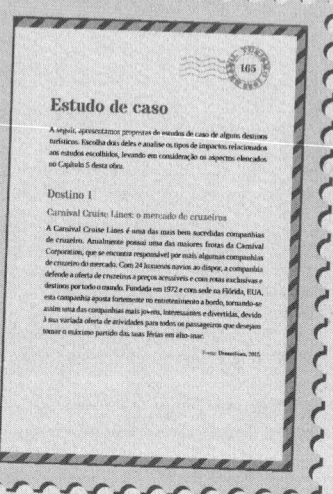

Estudo de caso

Esta seção traz ao seu conhecimento situações que vão aproximar os conteúdos estudados de sua prática profissional.

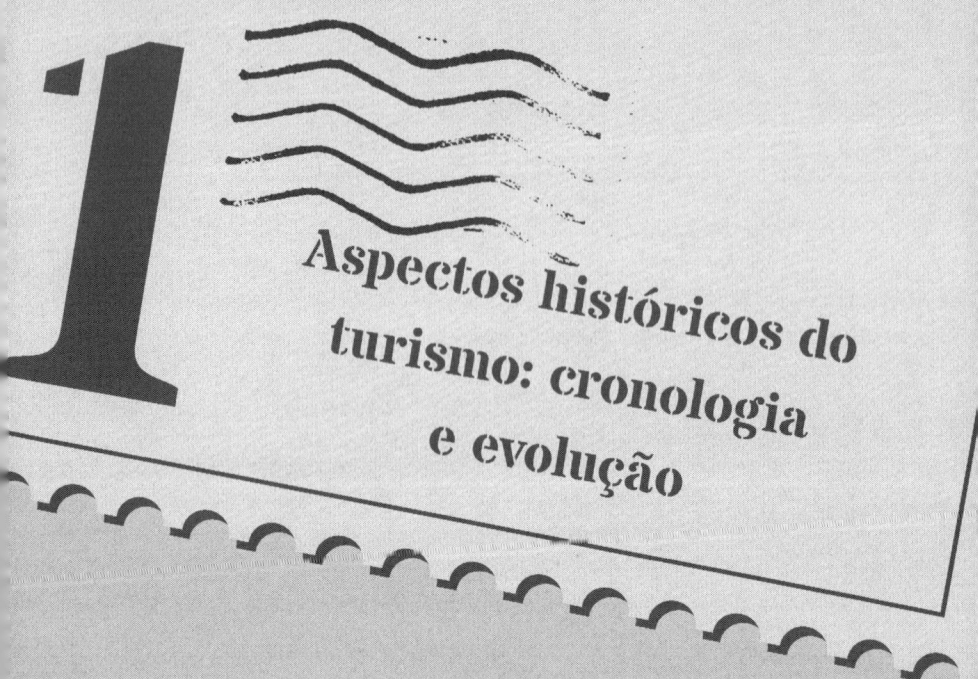

1 Aspectos históricos do turismo: cronologia e evolução

Conteúdos do capítulo

» A história do turismo.
» As primeiras atrações turísticas.
» A importância dos meios de transporte na consolidação do turismo.

Após o estudo deste capítulo, você será capaz de:

1. compreender a evolução do turismo na sociedade;
2. realizar um paralelo entre as primeiras atrações turísticas e o turismo atual;
3. entender a influência dos meios de transporte na consolidação da atividade turística.

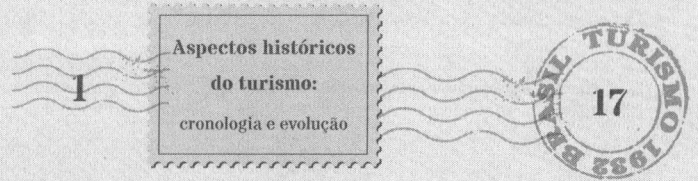

1 Aspectos históricos do turismo: cronologia e evolução

Neste capítulo inicial, abordaremos o surgimento e o desenvolvimento do turismo na sociedade – e, como consequência, a consolidação da hospitalidade –, citando marcos importantes para a evolução desse setor, bem como suas relações com as diversas organizações sociais ao longo dos anos. Traremos, portanto, considerações a respeito das primeiras atrações turísticas, traçando um paralelo com o que hoje compreendemos a respeito do fenômeno *turismo*. Na sequência, destacaremos a importância dos primeiros agentes de viagem, a fim de abordar a forma como a atividade turística acontece atualmente e o alcance desses profissionais na tarefa de comercialização. Por fim, trataremos da influência dos meios de transporte para a solidificação das viagens e do fenômeno de deslocamento humano em sua relação intrínseca com o turismo.

1.1 O turismo sob uma perspectiva histórica

Em função de sua relevância para o desenvolvimento das economias em diversos países e regiões, além de seus impactos socioculturais e ambientais, a atividade turística tem chamado a atenção de pesquisadores e gestores públicos de diferentes vertentes analíticas.

Como veremos no decorrer deste capítulo, um dos principais elementos que propiciaram o crescimento do turismo foi a inovação tecnológica, resultante do desenvolvimento científico, que permitiu a adoção de meios de transporte cada vez mais rápidos e eficientes. A inserção de novas práticas gerenciais nos estabelecimentos, bem como a adoção de equipamentos que os deixaram mais confortáveis, também foram importantes. A somatória desses elementos resultou no crescimento do número de viagens e na consolidação do turismo em geral como um negócio, tornando-o objeto de estudos de diversas ciências.

Ainda que de forma esporádica, é possível remontar a busca pelo conhecimento técnico sobre o turismo a explorações na Itália, na Suíça, na Áustria e na Alemanha, em meados do século XIX. Panosso Netto, Noguero e Jager (2011), entre outros autores, no entanto, afirmam que o estudo do turismo teve início pouco antes da Segunda Guerra Mundial, ocorrida na primeira metade do século XX. Fato é que, à medida que o turismo se consolidou como negócio ou comércio em crescimento, do ponto de vista econômico[1], o campo de pesquisa e educação voltado a essa atividade se estendeu pelo mundo, não só em função do potencial turístico na economia, mas também pelos seus impactos sociais, culturais e ambientais.

Por dizer respeito a atividades de diversas áreas de estudos, a sustentabilidade do turismo tem se tornado objeto de várias discussões, suscitadas em especial sob o patrocínio da Organização Mundial de Turismo (OMT)[2]. Cooper et al. (2007) advertem sobre as imprecisões teóricas que ocorrem nesse campo, que ainda sofre de indefinições conceituais; assim, por envolver vários temas, a atividade turística necessita de uma abordagem mais disciplinada. Um exemplo que evidencia esse fato é que, mesmo se considerarmos os esforços para a padronização global

---

[1] Atualmente, vários autores e organizações públicas e privadas, tais como Jafari (1994) e a OMT (2001b), consideram o turismo a maior indústria do século XX.

[2] "Grande parte da literatura de turismo hoje valoriza a importância do desenvolvimento do turismo 'sustentável'. Seja qual for o significado preciso do termo, um elemento essencial de uma indústria de turismo sustentável é a viabilidade econômica. Às vezes esquecido, o conceito de sustentabilidade tem uma dimensão econômica ao lado de suas dimensões social e ambiental. Eficiências econômicas resultam em menor uso de recursos com impactos sociais e ambientais potencialmente menos adversos da sua utilização" (Dwyer; Spurr, 2015, p. 1, tradução nossa).

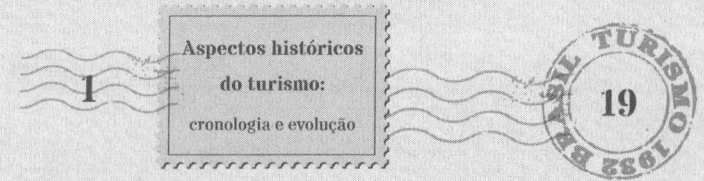

1 Aspectos históricos do turismo: cronologia e evolução

de estatísticas do turismo desde a década de 1930[3], ainda faltam dados consistentes em relação ao turismo no tocante à proporção do fenômeno – tanto em termos sociais quanto ambientais –, justamente pelo fato de a atividade ter uma natureza transversal, ou seja, por envolver-se em ou sobrepor-se a diversos segmentos do setor terciário, como os serviços de alimentação, hospedagem e transporte.

Entretanto, destacamos que os estudos do turismo têm sido realizados praticamente no mundo inteiro e gerado uma produção diversificada no campo acadêmico, distribuída em várias disciplinas que o tomam com enfoques específicos. As Ciências Sociais e as Sociais Aplicadas[4], tais como Economia, Administração, Sociologia, História e Geografia, são alguns exemplos de disciplinas que consideram o turismo um fenômeno a ser pesquisado. Assim, para fundamentarmos essa discussão, é necessário abordarmos os aspectos históricos desse setor.

A atividade turística tem estado presente na história humana desde a formação dos grandes impérios da Antiguidade até o surgimento do Estado Moderno, passando pelas tentativas de expansão colonial por meio das grandes navegações. As guerras de conquista foram fatores determinantes para os deslocamentos humanos em diversos momentos

---

3   O desenvolvimento de recomendações internacionais relativas aos conceitos relacionados ao turismo iniciou em 1937, quando o Conselho da Liga das Nações recomendou a definição de **turista internacional** para fins estatísticos. Em 1953, a expressão foi alterada para **visitante internacional** pela Comissão de Estatística das Nações Unidas. Essas definições de turistas e visitantes mudaram ao longo dos anos por conselhos, comissões e conferências que envolveram especialistas e peritos estatísticos, sempre com a finalidade de delimitar parâmetros para a obtenção e a padronização de dados estatísticos de viagens internacionais. Na década de 1980, contudo, com o aumento da conscientização sobre a importância do turismo e sua interdependência com outras atividades econômicas e sociais, começaram a surgir novas propostas globais.

4   No Brasil, segundo a Coordenação de Aperfeiçoamento de Pessoal de Nível Superior (Capes), o turismo está relacionado à grande área de Ciências Sociais Aplicadas e inserido na área de conhecimento de Administração e Ciências Contábeis (Capes, 2014).

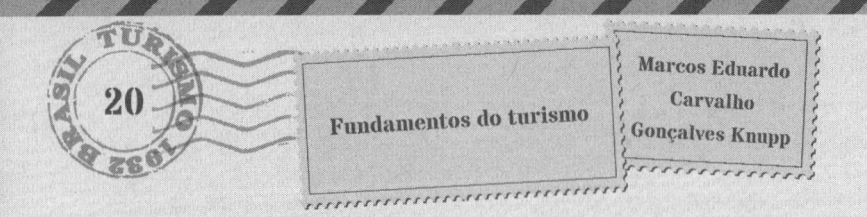

da história. Fazendo uma exposição do tema por um viés cronológico, percebemos que o fenômeno *turismo*[5] se estabeleceu na medida em que os deslocamentos passaram a ser possíveis, com a finalidade principal de explorar lugares, monumentos e eventos[6].

Na **Antiguidade Clássica**, a Grécia Antiga [ca. 1100 a.C.-114 a.C.] exerceu considerável influência nas formas de viagens, marcadas principalmente por fins religiosos e realizadas em direção a santuários ou festivais e festas religiosas. De acordo com Rejowski (2005) e Goeldner, Ritchie e McIntosh (2002), considerando-se não somente o número dos deslocamentos, mas também a forma como as pessoas se deslocavam e os equipamentos de apoio, como transportes e hospedagens, o desenvolvimento das viagens floresceu nessa época em virtude do sistema de moedas utilizado e da difusão da língua grega pelo Mediterrâneo – região favorável à movimentação das pessoas –, e em razão da atração exercida pelos produtos comerciais. Heródoto, historiador grego nascido o século V a.C., pode ser considerado um dos maiores turistas da época: ao longo de seus deslocamentos, o estudioso se dedicou a descrever os costumes, os atrativos e os fenômenos religiosos dos locais pelos quais

---

5   A definição de *turismo* passou por diversas discussões referentes à significação de tempo, distância e motivação em relação às viagens realizadas para fins turísticos. Atualmente, a definição mais aceita por estudiosos e organizações públicas e privadas do setor é a da OMT (2001a, p. 1, tradução nossa): "atividades que as pessoas realizam durante viagens e estadas em lugares diferentes do seu entorno habitual, por um período consecutivo inferior a um ano, com finalidade de lazer, negócios ou outras [...]". O conceito de *turismo* é mais limitado do que o de *viagem*, já que se refere a tipos específicos de viagens. Pessoas que realizam essas viagens são consideradas *visitantes*. Portanto, o turismo é um subconjunto de viagens, e os visitantes, um subconjunto dos viajantes em ambas as áreas, nacionais e internacionais.

6   O Egito exerce fascinação nas pessoas que desejam conhecer as pirâmides desde dezenas de séculos antes de Cristo. De acordo com Goeldner, Ritchie e McIntosh (2002), entre os anos de 1600 a.C e 1200 a.C, as pirâmides provavelmente atraíram muitos viajantes, cujos deslocamentos podem ser considerados as primeiras viagens com finalidade turística. Portanto, as pirâmides do Egito foram um dos primeiros atrativos turísticos do mundo.

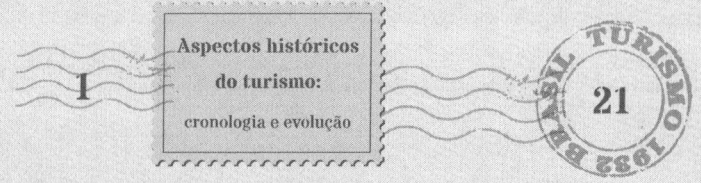

1 Aspectos históricos do turismo: cronologia e evolução

passava (Rejowski, 2005). As pessoas dessa época não viajavam por lazer; as viagens eram motivadas muito mais pela religião e pela busca da saúde por meio de banhos medicinais[7].

> Os **Jogos Olímpicos** foram um exemplo marcante de deslocamento motivado pela religião. Por sua vez, esses eventos passaram, ao longo da história, de um culto religioso a Zeus, rei dos deuses gregos, para um megaevento esportivo na contemporaneidade[8], sendo ainda hoje reconhecido por se tratar de um atrativo turístico que movimenta um grande número de pessoas do mundo inteiro.

No século V a.C. já era considerável o aumento do número de viagens realizadas pelos gregos no Mediterrâneo, fenômeno que influiu na construção de mais estradas nos grandes centros da época e no surgimento de equipamentos de suporte cuja finalidade era o amparo dos viajantes, tais como as **hospedarias** (Casson, 1994). A hospitalidade era praticada pelo povo grego com base num preceito divino, pois se constituía em um ato honroso, uma convenção que obrigava o cidadão grego a receber com benevolência os estrangeiros.

As viagens na Antiguidade atingiram o apogeu na época do **Império Romano**, conforme enfatizam vários autores (Casson, 1994; Goeldner; Ritchie; McIntosh, 2002; Barbosa, 2002; Rejowski; 2005). Nesse período, entre os anos de 27 e 476, encontravam-se consideráveis estímulos e facilidades para o trânsito de pessoas entre as localidades. Destacamos principalmente o comércio, os recursos financeiros, as moedas romanas, os meios de transporte e as estradas aprimoradas, bem como a facilidade de

---

[7] À época, eram indicados tratamentos de banho de mar, pois acreditava-se que a água marinha, gelada e salgada, seria eficaz para curar diversos tipos de enfermidades (Goeldner; Ritchie; McIntosh, 2002).

[8] Ninguém sabe exatamente quando teve início, mas a primeira menção escrita às competições é datada de 776 a.C., de acordo com o Olympic Museum and Studies Centre (OMSC, 2002).

comunicação devido à disseminação do uso do grego e do latim. Além dos elementos listados, havia um sistema legal que propiciava proteção e amparo aos viajantes por parte do governo. Foi nessa época que ocorreu a denominada *Pax Romana*, um período de cerca de dois séculos sem guerras, que permitiu ao viajante a possibilidade de cruzar fronteiras de maneira mais segura.

Entre os anos de 98 e 117, as estradas romanas chegaram a atingir 80 mil quilômetros, extensão que incluía continentes como Europa e África. Nesse período, pessoas com condições financeiras mais abastadas passaram a se refugiar temporariamente nas chamadas *segundas residências*[9], constituídas em locais mais tranquilos e concebidas para oferecer lazer e descanso em razão da superpopulação de Roma. Outros elementos que favoreceram deslocamentos foram o desenvolvimento de instalações termais e a arte da construção romana, cujos viadutos, pontes e estradas aprimoradas foram projetados com base em estratégias militares (Rejowski, 2005; Barbosa, 2002; Goeldner; Ritchie; McIntosh, 2002), além dos eventos destinados ao lazer, como festas, jogos esportivos, exibições teatrais e duelos de gladiadores. Consequentemente, de acordo com Goeldner, Ritchie e McIntosh (2002), podemos considerar como causas da demanda por hospedagens e outros serviços em prol dos viajantes a combinação romana de extensão do território a ser fiscalizado, a demanda pela construção de estradas, a necessidade de supervisão de riquezas, lazer, atrações turísticas e o desejo de viajar. Essa teria sido uma forma inicial de turismo.

---

9 São as chamadas *casas de campo* ou *casas de praia*, utilizadas pelos proprietários em momentos de descanso e lazer.

1 Aspectos históricos do turismo: cronologia e evolução

O modo de produção nesse período era essencialmente escravista[10]. Em virtude do aumento do número de famílias nobres e propriedades privadas, a demanda por trabalhadores rurais também crescia. O problema era solucionado com as guerras de conquista direcionadas aos povos vizinhos, escravizados quando derrotados. Portanto, esses conflitos favoreciam grandes deslocamentos humanos[11] ao longo dos territórios, viabilizando viagens em busca de novas atrações nas terras recém-anexadas.

Com a queda do Império Romano do Ocidente em 476 e o início da Idade Média (séculos V a XV), os viajantes começaram a enfrentar enormes dificuldades em razão da falta de segurança, marcada por saques, assassinatos e ataques bárbaros. Nessa época, como destacado por Rejowski (2005) e Barbosa (2002), o homem, fixado à terra, praticava a agricultura e a manufatura a fim de atender suas próprias necessidades pessoais e domésticas, o que o levava a desenvolver certa autossuficiência dentro dos feudos. Ainda não havia um comércio desenvolvido e a consequente demanda por deslocamentos ou viagens, pois o modo de produção feudal era, essencialmente, caracterizado por uma organização político-social embasada nas relações servo-contratuais[12].

---

10 O modo de produção dominante na Grécia Clássica (séculos VI a IV a.C.) – período considerado um dos mais gloriosos da Grécia Antiga, marcado por guerras e conquistas de novas colônias –, que regia a complexa articulação de cada economia local e dava o seu cunho a toda a civilização da cidade-Estado, era o escravista, embora o conjunto do mundo antigo nunca tenha sido marcado pelo predomínio de trabalho escravo.

11 De acordo com Rossi (2005), estima-se que nessa época havia 20.000 cidadãos atenienses, 10.000 metecos (imigrantes) e 400.000 escravos. O auge do método escravista deu-se entre os séculos III a.C. e III d.C., em Roma, quando o trabalhador escravo encontrava-se completamente incorporado aos meios de produção, "sendo compreendido como um tipo de instrumento que fala" (Rossi, 2005, p. 32).

12 Os camponeses cuidavam da agropecuária dos feudos e, em troca, recebiam o direito a uma gleba (porção de terra) para morar, além da proteção contra ataques bárbaros. Segundo Pirenne (1968, p. 13), "O aparecimento do feudalismo, na Europa Ocidental no decorrer do século IX, nada mais é do que repercussão, na ordem política, do retorno da sociedade a uma civilização puramente rural".

Entre as raras formas de deslocamento, destacamos as **cruzadas** (séculos XI a XIII), denominadas também *peregrinações* ou *guerras santas*, movimentos militares de reminiscência cristã que partiam da Europa Ocidental em direção à Terra Santa (Jerusalém) a fim de conquistá-la (Pirenne, 1968). Nesse caso, é possível conceber os deslocamentos e as viagens como parte do fenômeno de massa pelo qual a Igreja fornecia os meios ou orientava seus fiéis a peregrinar a lugares religiosos e terras consideradas sagradas, como Jerusalém e Santiago de Compostela (Goeldner; Ritchie; McIntosh, 2002), caracterizando, assim, um incipiente turismo religioso. Nesse período, a hospitalidade era realizada em mosteiros e abadias.[13]

A época denominada **Renascimento** (séculos XIV a XVI), que marca o fim da Idade Média e o início da Idade Moderna, trouxe a melhoria da produtividade agrícola e a revitalização das cidades, bem como a expansão do comércio e dos negócios, o florescimento das artes e da literatura e o início da ciência moderna.

A expansão do comércio e dos negócios foi proporcionada pelas transformações no modo de produção – geradas pela mudança da forma utilizada no período feudal para o denominado *mercantilismo* (século XV a XVIII) –, que, por sua vez, modificaram as práticas econômicas.

No fim do século XV e início do XVI, os maiores deslocamentos humanos ocorreram nas grandes viagens marítimas de descobrimento, tais como a de Cristóvão Colombo para a América.

O ponto comum entre os Estados nesse período era a forte intervenção na economia (Ekelund; Hébert, 1997), cujo intuito era unificar o

---

13 Esse período, em meio a uma economia caótica e à renovação do mercado de longa distância, também foi marcado pela utilização do passaporte como documento de viagem (Rejowski, 2005; Casson, 1994).

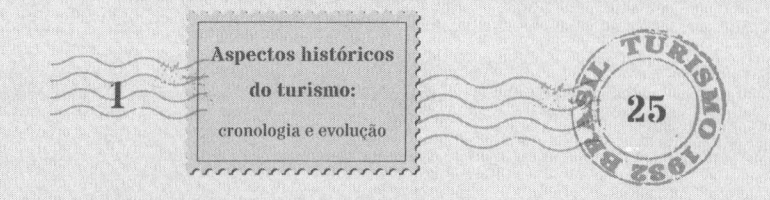

Aspectos históricos do turismo: cronologia e evolução

mercado interno para formar Estados nacionais fortes, criar um saldo favorável na balança comercial, estabelecer pactos coloniais e proteger a economia. Esta mistura entre **expansão do comércio** e **colonização** privilegiava novas formas de deslocamentos humanos, já em um ambiente relativamente mais seguro e que favorecia as viagens tanto para a prática do comércio quanto para os descobrimentos e a colonização de novos territórios, em busca de novas atrações.

Dessa forma, o Renascimento foi um período de grande incentivo às viagens culturais, com destaque para os deslocamentos com finalidade de estudo realizados por jovens que faziam parte das classes mais abastadas da época (nobres, diplomatas e estudiosos) (Barbosa, 2002). Essas viagens, realizadas entre os séculos XVII e XVIII, foram denominadas *Grand Tour* e consistiam na busca por uma educação acurada de uma nova classe de jovens que viajava por toda a Europa para complementar sua educação. Esse tipo de viagem foi denominado *elisabetano*, uma vez que foi forjado sob influência da rainha Elizabeth I da Inglaterra (Rejowski, 2005; Goeldner; Ritchie; McIntosh, 2002). O movimento das viagens em busca de lazer e enriquecimento cultural da época era, portanto, essencialmente realizado por iniciativas da elite e tinha como destinos principais os países europeus (França, Itália, Alemanha e Suíça). O *Grand Tour* foi bruscamente interrompido em 1789 pela Revolução Francesa e, depois, pelas guerras napoleônicas, no início do século XIX.

O turismo só passou a ser compreendido como atividade econômica no século XIX, na Inglaterra, o que autoriza considerarmos este o período de nascimento do **turismo moderno**, momento em que a atividade passou a ser explorada como um grande negócio (Rejowski, 2005). Nesse contexto, ocorreram significativas transformações, motivadas pela **Revolução Industrial**, que introduziu máquinas a vapor aplicadas aos navios e aos trens, além de ter proporcionado o surgimento da classe operária e a formalização das relações de trabalho. Portanto, com a passagem do mercantilismo para o capitalismo industrial ocorreram importantes modificações no modo de produção, incidindo diretamente na organização das sociedades ocidentais e acarretando transformações econômicas que, de certa forma, explicam o aumento da procura por viagens recreativas – distintas das grandes viagens turísticas realizadas pela elite no período anterior.

O termalismo foi a forma de turismo mais difundida do século XIX: o grande fluxo de pessoas que compareciam aos balneários converteu esses lugares em destinos de prazer e descanso (Rejowski, 2005; Goeldner; Ritchie; McIntosh, 2002). A verdadeira atração dos centros termais[14] eram os cassinos, caracterizados pela busca por entretenimento no prazer do jogo.

O turismo na Europa era desenvolvido em duas temporadas, uma no inverno e outra no verão. O paisagismo e o montanhismo também passaram a ser comuns, com a busca pelo ar puro motivada por recomendações médicas contra a tuberculose e também pela fascinação fruto do espírito romântico da época. Outro fato desse período que destacamos é a criação, em 1872, do Yellowstone Park, nos Estados Unidos, o primeiro parque nacional do mundo.

Com a disseminação de atrativos turísticos e de viagens para fins de descanso e lazer, iniciou-se, principalmente na Europa, uma demanda por turismo organizado: foi nesse contexto que surgiram as agências de viagens. Havia a necessidade de um novo tipo de empreendedor que pudesse atender os clientes e planejar e oferecer facilidades a fim de

---

14 Segundo Rejowski (2005), a cidade de Brighton, na Inglaterra, manteve sua condição privilegiada como o mais famoso centro de banhos de mar. Já na França e na Espanha houve um notável crescimento da atividade nas costas marítimas com os balneários de praia fria.

tornar as viagens úteis e agradáveis. Assim, em 1840, foi criada a Agência Abreu na cidade de Porto, em Portugal, que tratava da obtenção dos vistos de saída e das passagens de navios para a América do Sul (em especial, para o Brasil) e Lisboa, denotando um tipo de organização específica para fins de viagens intercontinentais. Já em 1850, surgiu a American Express, fundada por Weel, Fargo e John Butterfield, a qual, à medida que o dinheiro de papel era implantado, iniciava seus negócios na área financeira (Rejowski, 2005).

O século XIX também foi marcado pelo desenvolvimento acelerado das ferrovias e pela melhoria nos equipamentos e serviços oferecidos nas viagens com esse modal. Surgiram alternativas como a Orient Express, locomotiva que conectava Londres e Paris a Viena, Atenas e Istambul e continha vagões acarpetados, decorados em estilo turco, banheiros com chuveiro de água quente, serviços de alimentação de categoria internacional, cristais e louças finas e serviço requintado. Já em relação aos cruzeiros, é importante destacarmos os que faziam percursos da Europa para a América e o Extremo Oriente, fortalecendo as correntes de imigração europeia e a visita de americanos à Europa (Rejowski, 2005).

Nesse contexto, surgiu a necessidade de atender às demandas de hospedagem dos viajantes. Para tanto, foram criados hotéis ao lado das ferrovias, denominados, na língua inglesa, de *terminus hotels*. A crescente urbanização também gerou a necessidade da abertura de restaurantes para as pessoas que residiam nos subúrbios e procuravam por serviços de alimentação na zona onde trabalhavam.

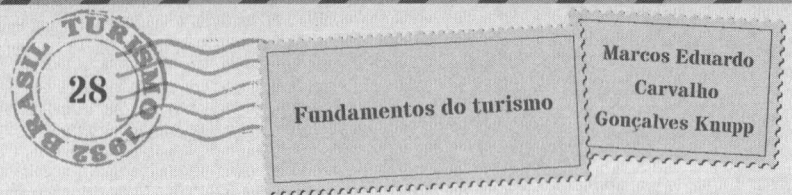

Fundamentos do turismo

Marcos Eduardo Carvalho Gonçalves Knupp

> O principal personagem desse novo mercado em expansão foi o suíço Cesar Ritz (1850-1918), considerado o pai da hotelaria moderna. O empresário aprimorou os serviços do Hotel Nacional de Lucerna, do restaurante às habitações, criando um conceito novo de **administração hoteleira**. Em razão de sua habilidade nas relações públicas e humanas, com destaque para o bom tratamento destinado não apenas aos clientes, mas também aos funcionários do hotel, ficou conhecido como o "rei dos hoteleiros" (Rejowski, 2005). Assim, é evidente que sua preocupação era atender a todos os desejos de seus hóspedes, mesmo os pedidos que sequer eram solicitados.

O turismo passou, assim, a ser explorado dentro de uma economia capitalista emergente e, no início do século XX (1900 a 1914), ainda apresentava um crescimento tímido. No período que antecedeu a Primeira Guerra Mundial (ocorrida entre 1914 e 1918), houve aumento do número de viagens de membros das classes mais abastadas, que dirigiam-se principalmente para a Suíça e as praias frias do Canal da Mancha (Rejowski, 2005). Entretanto, o fluxo do turismo internacional decresceu ao longo dos conflitos gerados pelo conflito citado, passando por um período de estagnação. Alguns hotéis chegaram a ser utilizados para hospedar tropas militares ou servir de hospitais, preenchendo o espaço deixado pela falta de infraestrutura e pelo perigo constante nos deslocamentos.

Ao término da guerra, a fabricação em série dos meios de transporte terrestres, tais como carros e ônibus, propiciou o crescimento das receitas oriundas do turismo e o reconhecimento da importância econômica desse setor para as nações (Rejowski, 2005). Um dos principais fatores a favorecer deslocamentos mais constantes das pessoas foi a popularização do uso de automóveis. No interstício entre a Primeira e a Segunda Guerra (1919 a 1939), o turismo teve uma nova ascensão, interrompida parcialmente pela quebra da bolsa de Nova York, em 1929, e pela depressão econômica

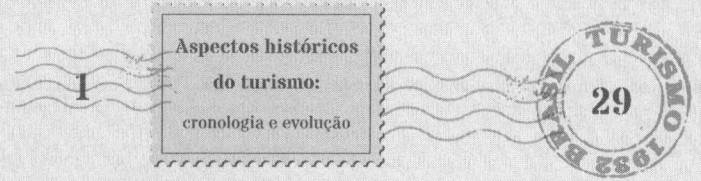

Aspectos históricos do turismo: cronologia e evolução

que se seguiu. Esses fatos repercutiram em toda a Europa, gerando retração na esfera do consumo e prejudicando a atividade turística.

Entre 1933 e 1939, o período de **estabilidade econômica** favoreceu o desenvolvimento do turismo. A tecnologia aplicada aos transportes, o aumento da expectativa e da qualidade de vida da classe média trabalhadora e a legalização da redução da jornada de trabalho em vários países aumentaram a demanda por lazer, excursões e viagens de permanência curta. Em virtude dessa nova procura, as hotelarias e as empresas organizadoras de viagens expandiram-se e muitas entidades ligadas ao setor foram criadas.

O crescimento do turismo sofreu outra estagnação com a eclosão da Segunda Guerra Mundial (1939-1945), quando os fluxos turísticos voltaram a cair significativamente. Rejowski (2005) chama atenção para o fato de essa interrupção apresentar proporções maiores que as do conflito anterior. A atividade turística foi retomada somente cinco anos após o término do conflito, em 1950.

Com o fim da Segunda Guerra, houve um grande desenvolvimento dos meios de transporte, o que resultou na melhoria dos acessos rodoviários e ferroviários, na evolução da aviação comercial e na ampliação do uso do meio aéreo como transporte civil. As comunicações também evoluíram rapidamente, o que fez com que a atividade turística tomasse novas proporções, principalmente na Europa e na América do Norte (Casimiro Filho, 2002).

O período entre 1950 e 1973 foi caracterizado pela massificação da atividade turística, possibilitada por fatores políticos, econômicos, educacionais, culturais e trabalhistas (Rejowski, 2005). A paz prolongada em zonas de estabilidade política (Mediterrâneo, centro da Europa e Estados Unidos) e a consolidação da classe média com o aumento do poder aquisitivo, do tempo livre e das férias são fatores que explicam esse crescimento. Outros fatores responsáveis pelo surgimento do **turismo de massa** foram: o maior interesse das pessoas por conhecer outros povos e civilizações; a busca por descanso e lazer; o desejo de evasão para ambientes próximos; os grandes avanços tecnológicos nas áreas de comunicação e transporte; e a aplicação de técnicas de *marketing* de incentivos ao lazer (Rejowski, 2005; Dwyer; Forsyth; Papatheodorou, 2011).

Nessa época, também houve a consolidação da venda dos pacotes turísticos com voos *charters* e serviços reservados em ônibus e cruzeiros. Os países destruídos na Segunda Guerra Mundial buscavam, no turismo, divisas provenientes dos visitantes para sua recuperação econômica (Rejowski, 2005). Aos poucos, ocorreu a substituição parcial dos trens pelo carro e pelo ônibus, tornando o turismo mais individualizado e doméstico. Esse novo comportamento favoreceu o surgimento de novas formas de hospedagens, como motéis, *campings*, albergues e pousadas. Destacamos também o desenvolvimento e a implantação dos sistemas de reservas aéreas informatizadas, iniciados pelo Sabre, da American Airlines. Foram criadas também as principais cadeias hoteleiras que ainda hoje são fortes no setor hoteleiro mundial: Holiday Inn e Best Western.

Entre as transformações sociais que teriam favorecido a expansão do turismo como atividade econômica a partir do fim da Segunda Guerra Mundial, destacamos:

» a redução da jornada de trabalho e a introdução de férias remuneradas;
» o aumento da renda e da riqueza;
» a elevação do nível educacional;
» o aumento da renda *per capita* disponível para viagens;
» as mudanças nos estilos de vida e nos valores de consumo da população.

Do ponto de vista econômico, podem ser destacados:

» a abertura internacional geral e a globalização das transações comerciais;
» o desenvolvimento do *marketing* de destino e a oferta de promoções;
» a melhoria geral da infraestrutura turística (Dwyer; Forsyth; Papatheodorou, 2011).

De 1973 a 1989, sob um novo ciclo de crises e períodos de recessão e inflação provocado pela crise energética, o turismo experienciou turbulências que apenas começaram a ser superadas a partir de 1989 (Rejowski, 2005). Na década de 1990, a dinâmica da atividade turística também foi afetada pela recessão econômica.

A formação da União Europeia (UE) e a consolidação do Mercado Único nesse continente em 1993 impactou positivamente o crescimento do turismo europeu. Embora até então os fluxos mundiais tenham se concentrado na Europa e América do Norte, houve à época a expansão turística para novos destinos, como a Ásia Ocidental e o Pacífico. Essa nova estrutura econômica também favoreceu o crescimento do mercado mundial e o desenvolvimento de localidades como o Japão e o sudeste asiático, que dispunham de campanhas de divulgação dos seus destinos turísticos, bem como de economias estáveis e produtivas.

Sob uma perspectiva histórica, portanto, o turismo sempre dependeu diretamente das condições de deslocamento das pessoas. As viagens[15] têm acontecido desde os primórdios da humanidade[16], com fins de fuga,

---

15 Segundo a OMT (2015, grifo do original, tradução nossa), "o termo *viagem* designa a atividade dos viajantes. [...] A expressão *viagem turística* designa todo deslocamento de uma pessoa a um lugar fora de seu lugar de residência habitual, desde o momento de sua saída até seu regresso. Dessa forma, refere-se a uma viagem de ida e volta. Uma viagem consiste em visitas a diferentes lugares".

16 Estudos da paleoantropologia que tratam da evolução do *Homo sapiens* apontam que a própria evolução dessa espécie está relacionada aos deslocamentos, às migrações entre continentes. Quanto ao aspecto mítico-religioso, a Bíblia, principal texto do cristianismo, traz relatos das migrações humanas principalmente no livro denominado *Êxodo* (Barbosa, 2002).

proteção, sobrevivência, intercâmbio de utensílios, comércio, guerras ou busca pelo desconhecido. As viagens têm perpassado todas as épocas, mas o surgimento do turismo como atividade econômica somente foi possível com o fim do sedentarismo e a grande expansão da dinâmica turística a partir das guerras de conquista e da ampliação do comércio entre os diferentes povos. Outro componente que impactou decisivamente o incremento das atividades turísticas foi o avanço tecnológico, que proporcionou, entre outras inovações, formas mais rápidas e fáceis de locomoção e comunicação. Do mesmo modo, essa atividade foi diretamente afetada pelas transformações socioeconômicas e pelo modo de produção, até chegar aos moldes que conhecemos na atualidade.

1.1.1 As primeiras atrações turísticas

No contexto histórico dos deslocamentos humanos para fins turísticos, podemos considerar que as primeiras atrações turísticas foram os *spas*, os banhos e os *resorts* litorâneos.

No século XVIII, os *spas* estiveram em moda nas classes mais altas da sociedade em virtude da difusão das ideias de que esses ambientes proporcionavam a cura de diversas doenças. Nesses espaços também aconteciam eventos sociais, competições, danças e jogos, fazendo com que pessoas de diversos lugares viajassem também para se divertir.

A cidade de Bath (que significa "banho", em inglês), na Inglaterra, famosa pelos banhos termais, foi o primeiro "destino de prazer" do Reino Unido e um importante atrativo turístico do Ocidente. Já a cidade chamada *Spa*, na Bélgica, conhecida por ser uma estância termal com água mineral, deu esse nome a toda estância termal (Barbosa, 2002).

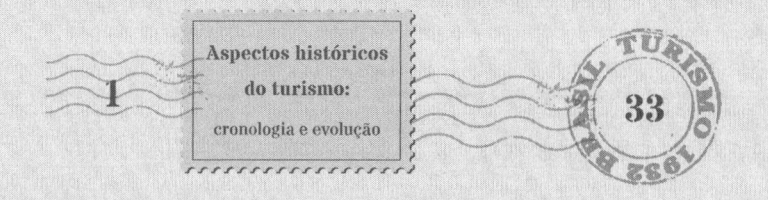

Os locais famosos para banhos de mar também foram importantes para a ampliação do turismo. Acreditava-se que a água salgada trazia benefícios para o tratamento de doentes (Barbosa, 2002). Nesse sentido, os profissionais de medicina tiveram grande importância, pois a indicação médica para banhos de mar, águas termais e fontes minerais para tratamento de enfermos fez com que a demanda por esses lugares aumentasse.

Sendo assim, inicialmente os *spas* e os *resorts* eram visitados por razões médicas, mas depois surgiu também a busca por entretenimento, que envolvia recreação e jogos, atraindo classes mais abastadas. Entre 1810 e 1830, os britânicos começaram a dar credibilidade a quem tinha condições de viajar, geralmente a aristocracia, muito ligada ao "desejo pelo litoral", o que investiu as viagens de lazer de certo *status* social (Barbosa, 2002).

A comercialização da cura aliada à natureza proporcionou a criação de produtos e, com isso, o surgimento de empreendedores que começavam a negociá-los. Ainda hoje as fontes minerais, as águas marítimas, as estâncias termais e o ar puro das montanhas são considerados atrações turísticas.

1.1.2 Os primeiros agentes de viagem

Thomas Cook[17] é considerado o primeiro agente de viagens por muitos autores (Barbosa, 2002; Goeldner; Ritchie; McIntosh, 2002), pois o empresário inglês organizou uma viagem em grupo, em 1841, de Leicester a Loughborough (ambas na Inglaterra), com cerca de 570 pessoas

---

17 A relação entre Thomas Cook e a consolidação das viagens é discutida por Goeldner, Ritchie e McIntosh (2002), Barbosa (2002) e Santos Filho (2008) como um fato importante para a compreensão das transformações do turismo ao longo dos anos.

interessadas na ida para uma reunião antialcoolismo. O motivo do evento em si não teve implicações específicas, mas inovou quanto à forma de organizar a viagem, que marcou decisivamente a maneira de abordar o fenômeno do turismo sob o aspecto da relação entre agentes econômicos e sociais.

Ao perceber a possibilidade de obter ganhos de escala na compra de um número maior de bilhetes de trens, Thomas Cook negociou uma tarifa reduzida com a Companhia Midland Counties Railway. Assim, com o aumento da demanda e a ampliação dos ganhos de escala, ele poderia obter lucros mais elevados[18]. O pacote específico em questão incluía, além de alimentação, a oferta de serviços e atividades como dança ao som de uma banda ao vivo e jogos.

O local e a época não poderiam ser mais propícios, uma vez que esse episódio ocorreu em um período próximo a uma transformação mundial – fim do século XVIII e meados do século XIX –, quando se passou de um modelo de produção essencialmente artesanal para a produção industrial com máquinas, fenômeno que acarretou, entre outros efeitos, um aumento da renda média da população[19]. Posteriormente, Thomas Cook continuou a organizar viagens, criando a companhia Thomas Cook & Son, e acrescentou uma rede de rotas até cobrir grande parte da Holanda, Bélgica, França, Alemanha, Suíça, Áustria e Itália, além de oferecer pacotes de viagem para Espanha, Índia, Austrália, Nova Zelândia e Estados Unidos (Rejowski, 2005). Sua companhia introduziu,

---

18 Por esse feito, Cook pode ser considerado o pioneiro do turismo moderno, pois ele se aproveitou do contexto em que a Inglaterra se encontrava, um país em desenvolvimento por meio da industrialização, com pessoas começando a praticar as leis de mercado – ou seja, competição, capitalismo e lucros –, e da emergência de uma classe trabalhadora capaz de consumir produtos (Santos Filho, 2008).

19 Embora não haja um consenso a respeito do início e da duração dessa revolução (Berg, Hudson, 1992; Temin, 1997), é ponto comum entre os historiadores econômicos que esse evento é um importante marco na história econômica da humanidade.

assim, o cooperativismo entre empresas, entre outros componentes do mercado turístico.

O inglês Robert Smart, por sua vez, é considerado o primeiro agente de viagens em navios a vapor (1822). Destacamos também Thomas Bennett, em meados do século XIX, considerado o primeiro especialista em pacotes de viagens individuais (Barbosa, 2002).

1.1.3 A influência dos transportes na consolidação das viagens de turismo

Historicamente, as viagens de diligência (carruagem de tração animal) tiveram forte influência nos deslocamentos humanos, facilitando o percurso de destinos mais longos e propiciando maior conforto aos viajantes. Esses meios de transporte também dispunham de acomodações especiais e funcionavam como hospedarias.

Figura 1.1 – Exemplo de diligência

As **viagens marítimas** tiveram início com embarcações comerciais que também transportavam e ofereciam serviços aos passageiros. Posteriormente, surgiram os luxuosos transatlânticos, com facilidades e comodidades mais adequadas a esse tipo de deslocamento (Barbosa, 2002).

As **viagens ferroviárias** também foram importantes para os deslocamentos humanos. As primeiras estradas de ferro foram construídas na Inglaterra, em 1825, e já ofereciam serviços especiais para passageiros (Goeldner; Ritchie; McIntosh, 2002). Os trens tiveram grande aceitação, mesmo para as classes de baixa renda, pois ofereciam categorias de vagões com um custo mais baixo. Com a popularidade desse transporte, começaram a surgir hospedarias ao longo das estações ferroviárias.

As **viagens de automóveis** tiveram sua marca nos Estados Unidos em função do trabalho de Henry Ford (1863-1947). Esse tipo de transporte demandou a construção de uma rede de estradas para suportar os veículos com rodas, sendo hoje utilizado em cerca de 80% das viagens (Goeldner; Ritchie; McIntosh, 2002).

No contexto das **viagens aéreas**, os primeiros serviços de voos regulares aconteceram na Alemanha. Inicialmente, os aviões eram mais utilizados para serviços de carga, mas com o tempo se transformaram em meio de transporte de passageiros. Ainda hoje as companhias norte-americanas são muito importantes para a expansão de serviços desse mercado, oferecendo conforto, velocidade, economia, regularidade e segurança.

Síntese

Neste capítulo, apresentamos os principais marcos históricos que possibilitaram grandes mudanças sociais na forma de deslocamento das pessoas, em suas motivações para a realização de viagens e, por fim, na organização e no planejamento da atividade turística. Desde os primórdios dos deslocamentos humanos, é possível notar que a inovação tecnológica impulsiona a movimentação dos indivíduos pelos territórios. Na Antiguidade Clássica, essa influência já era perceptível, uma vez que as pessoas se deslocavam em maior número em razão de diversos mecanismos facilitadores, tais como estradas, meios de locomoção e hospedagens.

A queda do Império Romano, considerado a primeira civilização a exercer a atividade turística como a conhecemos, trouxe profundas modificações no perfil de deslocamentos. Um evento relevante da época seguinte, a Idade Média, foram as cruzadas, uma atividade impulsionadora de viagens com fins religiosos. Com o Renascimento (séculos XIV e XVI), a transformação dos deslocamentos se deu a partir da motivação e da busca pelo enriquecimento cultural. O *Grand Tour* (séculos XVII e XVIII) foi outro marco importante.

Já no século XIX, em meio à Revolução Industrial, surgiu o turismo moderno, um negócio próspero. O inglês Thomas Cook, em especial, é considerado o primeiro agente a comercializar o turismo de massa, aproveitando a redução dos custos de transação favorecidos pelo intermédio da comercialização conjunta dos serviços para os viajantes (hospedagem, transporte, atrações etc.). No século XX, após a Segunda Guerra Mundial, a atividade turística se expandiu em virtude do aumento do número de viagens – os países, impulsionados pelo avanço de tecnologias como o transporte aéreo, incentivaram a atividade turística a fim de se reconstituírem como nações.

Durante todo esse tempo, desde a Antiguidade Clássica até a atualidade, podemos perceber que as atrações turísticas, como *spas*, banhos e *resorts* litorâneos, os transportes e as diferentes formas de viagem – de diligência, marítimas, ferroviárias ou aéreas, por exemplo – são essenciais para o desenvolvimento e a compreensão do turismo.

Questões para revisão

1. Por que é possível afirmarmos que, em tempos remotos, séculos e até milênios antes de Cristo, existiam elementos dos deslocamentos humanos que já indicavam similaridades ao que acontece atualmente na atividade turística? Por que alguns autores afirmam que esse paralelo não pode ser traçado?

2. Quais foram as contribuições do Império Romano para a evolução da história do turismo?
   a) Comercialização das viagens; construção de estradas mais elaboradas; *Grand Tour*; Jogos Olímpicos.
   b) Jogos Olímpicos; construção de estradas mais elaboradas; vistoria do território (segurança nos deslocamentos); atrações turísticas.
   c) Jogos Olímpicos; cruzadas; *Grand Tour*; Revolução Industrial.
   d) Construção de estradas mais elaboradas; comercialização das viagens; *Grand Tour*; atrações turísticas.

3. A influência dos transportes é tão significativa nos dias atuais quanto foi nos primórdios dos deslocamentos humanos. Como se deu a evolução dos modais de transporte e como podemos fazer uma relação entre o transporte nos tempos remotos e a atividade turística atual?

4. O que foi o *Grand Tour*?
   a) Viagem ao Egito ocorrida por volta do século IV a.C., em busca de retiro espiritual.
   b) Estrada considerada perigosa, visto que, após o século XV, com a queda do Império Romano, os territórios ficaram mais ameaçadores por conta dos bandidos.
   c) Viagens com duração de 6 a 18 meses realizadas por jovens da classe nobre, que saíam em busca de enriquecimento cultural, passando por países da Europa (por volta dos séculos XVII e XVIII).
   d) Deslocamento em direção aos Jogos Olímpicos, inicialmente considerado um evento sagrado para o culto ao deus grego Zeus.

5. Quais foram as primeiras atrações turísticas? Quais foram os primeiros agentes de turismo e qual a importância de cada um deles para a atividade turística atual?
   a) *Spas*, banhos e *resorts* litorâneos. Thomas Cook, considerado o primeiro agente de viagens; Robert Smart, considerado o primeiro agente de viagens em navios a vapor; e Thomas Bennett, considerado o primeiro especialista em pacotes de viagens individuais.
   b) Igrejas, pirâmides e estradas pitorescas. Imperador Júlio César do Império Romano, considerado o primeiro governante a proporcionar o deslocamento das pessoas com maior segurança; os cavaleiros templários, que surgiram nas cruzadas, quando as pessoas se deslocavam para ir a lugares sagrados; e Cristóvão Colombo, primeiro navegador a realizar uma viagem intercontinental partindo da Europa em direção às Américas.
   c) Pirâmides, *spas* e montanhas. Rainha Elizabeth, primeira pessoa a permitir o deslocamento das pessoas para o enriquecimento cultural; Thomas Cook, primeiro agente a realizar as viagens do *Grand Tour* com jovens da alta nobreza; e Marco Polo, primeiro viajante a descobrir e relatar as viagens por meio de seu diário de bordo.
   d) Montanhas, mar e florestas. Thomas Bennett, considerado o primeiro especialista em pacotes de viagens para as montanhas; Cristóvão Colombo, primeiro navegador a realizar uma viagem intercontinental partindo da Europa em direção às Américas; e Marco Polo, primeiro viajante a levar pessoas a florestas sombrias e desconhecidas da Europa, da Ásia e da África.

Questão para reflexão

Ao longo deste capítulo, expomos algumas informações relativas a épocas que marcaram os deslocamentos humanos com finalidades turísticas. Indique a época que você considera a mais marcante. Justifique sua resposta relacionando no mínimo cinco elementos únicos da época indicada.

Para saber mais

BARAKA. Direção: Ron Fricke. EUA: The Samuel Goldwyn Company, 1993. 96 min.

Para saber mais sobre os temas abordados neste capítulo, recomendamos o filme *Baraka*, de 1993, a fim de ilustrar a imaginação que a história do turismo provoca em nossas mentes. As várias paisagens, igrejas, ruínas, cerimônias religiosas e cidades mostradas no filme, que não contém diálogo, se misturam com a vida e nos remetem a uma viagem fascinante pela história da humanidade, que por sua vez, está intrinsecamente relacionada aos deslocamentos, estabelecendo uma conexão com as atividades diárias. Essa relação nos leva a realizar uma contextualização com o fenômeno *turismo*.

2
Conceitos básicos e campos de estudo do turismo

Após o estudo deste capítulo, você será capaz de:

1. entender a complexidade do campo de estudos do turismo em razão de sua interdisciplinaridade;

2. perceber o turismo como um fenômeno decorrente da natureza e das relações humanas;

3. diferenciar as principais conceituações relativas ao turismo e reconhecer a importância da Organização Mundial de Turismo (OMT) no processo de definição dessa área.

Conteúdos do capítulo

» Conceitos referentes à área do turismo.
» Campos de estudo do turismo.

2 Conceitos básicos e campos de estudo do turismo

Este capítulo se insere na discussão a respeito das definições que nos levam a compreender o turismo. Primeiramente, apresentaremos os principais conceitos referentes aos tipos de deslocamentos nesse setor, tendo como base as contribuições da Organização Mundial de Turismo (OMT). Para tanto, elucidaremos as diferenças entre turismo internacional e doméstico por meio de definições básicas, como *viagem receptiva* e *viagem emissiva*. Abordaremos, na sequência, o estudo do turismo e a sua relação interdisciplinar e multissetorial, tratando da complexidade desse campo de estudo. Por fim, discutiremos de que forma o turismo se encaixa na sociedade contemporânea.

2.1 Tipos de turismo

A OMT, principal órgão internacional do turismo, tem entre suas atribuições a definição das terminologias do setor. Além disso, reúne informações dos países e elabora análises turísticas globais a partir da obtenção de dados nacionais. Algumas das nomenclaturas definidas pela referida autarquia, relevantes ao estudo introdutório do turismo, serão abordadas a seguir.

De acordo com as definições da OMT (2010b), a **viagem receptiva** corresponde ao momento de chegada de um viajante a um país e também de saída dele. Já a **viagem emissiva** corresponde ao momento de partida de um viajante de seu local de residência habitual e, em seguida, de retorno a esse ponto. Como você pode perceber, a diferença entre essas duas perspectivas gira em torno dos locais de partida e de chegada, ou seja, uma considera o local de residência habitual (partida e retorno), e a outra, o local de destino (chegada e saída). Já as **viagens domésticas** são aquelas que acontecem dentro de um mesmo país, enquanto as **viagens internacionais** representam aquelas que ocorrem entre países.

Nesse contexto, entendemos como **turismo receptivo** as atividades de um viajante não residente no local em questão realizadas em uma viagem receptiva. O **turismo emissivo**, por sua vez, abrange as atividades de um viajante residente fora do local de referência realizadas em viagens emissiva, receptiva ou doméstica. Por fim, temos o **turismo interno**, que inclui as atividades de um viajante residente no país de referência, como parte de uma viagem doméstica. Desse modo, se uma pessoa estiver em viagem "para", "de" ou "dentro de" um país, é possível distinguir:

» o turismo receptivo, que se estabelece pelo ponto de vista do país de destino, ou seja, quando não residentes são recebidos em determinado local;
» o turismo emissivo, que acontece quando residentes viajam a outro país, sendo, portanto, considerado do ponto de vista do país de origem;
» o turismo interno ou doméstico, que ocorre quando residentes de um país viajam dentro dos limites territoriais do local.

Ainda segundo a OMT (2010b), combinando os três tipos mencionados, podemos identificar outras formas de atividade turística:

» o turismo nacional, que compreende o turismo doméstico sob a ótica da viagem emissiva, ou seja, as atividades de visitantes residentes dentro e fora do país de referência como parte de suas viagens domésticas ou receptivas;
» o turismo internacional, que compreende os turismos receptivo e emissivo –, ou seja, atividades de visitantes residentes fora do país de referência, como parte de suas viagens domésticas ou de saída.

É importante também apontarmos as diferenças entre *visitante*, *turista*, *excursionista* e *residente*:

» **Visitante** – Indivíduo que viaja para um destino principal diferente do seu ambiente habitual, por um período inferior a um ano, com um fim específico (lazer, negócios ou outros motivos pessoais); caracteriza-se por ser empregado em uma entidade residente no país ou lugar visitado.
» **Turista** – Um visitante (interno, emissor ou receptor) cuja viagem inclui uma noite de estadia.
» **Excursionista** – Visitante (interno, emissor ou receptor) cuja viagem não inclui uma noite de estadia (turista de um dia ou que não pernoita).
» **Residente** – Pessoa que reside ou habita em determinado lugar e que o considera sua residência habitual (OMT, 2015).

Sendo assim, por meio dos tipos de deslocamentos humanos, ficam caracterizadas as tipologias e as terminologias mais utilizadas para a compreensão do turismo. Os locais de partida e de chegada são os fatores que definem o tipo de turismo realizado – nacional ou internacional, emissivo ou receptivo –, bem como determinam se o viajante é visitante ou residente, turista ou excursionista.

2.2 O estudo do turismo

Por envolver diversos setores em seu campo de atuação, o turismo é considerado uma das atividades mais dinâmicas da atualidade. No campo econômico, por exemplo, é considerado um negócio em crescimento, já que diversos países e regiões investem no desenvolvimento da atividade turística, que envolve questões tanto ambientais quanto socioculturais e econômicas.

O turismo também é um fenômeno ligado diretamente à curiosidade humana: se considerarmos que os seres humanos são curiosos por natureza (inclusive para conhecer outros locais, outros países), perceberemos o potencial de desenvolvimento e crescimento do setor por todo o mundo.

Sabemos que a sociedade contemporânea é caracterizada pela globalização. O turismo, nesse contexto, tornou-se global, pois as pessoas cada vez mais o praticam, motivadas por questões como lazer, negócios, religiosidade, comunhão intercultural e atividades esportivas.

Surge, assim, uma pergunta que problematiza o tema: Viajar é uma atividade rotineira?

Estamos em meio à "sociedade do trabalho", em que a atividade produtiva está institucionalizada. Consequentemente, o tempo livre, disponível principalmente nas férias, tornou-se direito dos trabalhadores, o que, contudo, nos leva a responder negativamente à pergunta apresentada anteriormente, se considerarmos toda a parcela da população mundial – ou seja, de modo geral, viajar não é uma atividade rotineira para todas as pessoas. Afinal, os indivíduos praticam o turismo depois de atingirem suas necessidades básicas, como alimentação, segurança, saúde e educação; o turismo estaria, portanto, entre as necessidades secundárias, envolvendo interação, lazer, *status* financeiro e busca pelo conhecimento de novas culturas, por exemplo.

O Conselho Mundial de Viagens e Turismo (WTTC[1]), em 1996, e a OMT, em 2002, afirmaram que o turismo é a maior indústria do mundo, pois, como veremos no terceiro capítulo dessa obra, é responsável por uma importante porcentagem de empregos no mundo, bem como por grande parte do Produto Interno Bruto (PIB) das nações.

---

1 Em inglês, World Travel & Tourism Council.

No entanto, é necessário atentarmos para as falácias relativas ao turismo. Nesse sentido, Cooper et al. (2007) destacam alguns mitos referentes à atividade turística, com as quais todo o profissional de turismo deve romper em algum ponto de sua trajetória:

» a maior parte do turismo realizada no mundo é internacional;
» a maioria das viagens acontece por via aérea;
» o turismo é apenas atividade de lazer;
» os empregos na área de turismo envolvem muitas viagens e aprendizado de línguas.

Existe hoje uma crescente profissionalização do setor: muitos cursos técnicos, profissionalizantes e de ensino superior (graduação e pós-graduação) têm surgido, fazendo com que o turismo seja fortalecido como área acadêmica. Ainda assim, Cooper et al. (2007) advogam que o turismo, como objeto de estudo:

» apresenta problemas em razão de indefinições conceituais;
» por envolver vários temas, necessita de uma abordagem disciplinada;
» apresenta falta de dados consistentes;
» experimenta um reducionismo de abordagens em virtude do enfoque na corrente dominante (a economia do turismo);
» sofre de problemas de imagem, pois algumas disciplinas apropriam-se do turismo de maneira inadequada.

Existe, então, uma necessidade de que o fortalecimento do turismo como área de estudo seja plenamente consolidado, pois, a despeito de se tratar de um setor extremamente dinâmico e envolver questões sociais e econômicas tão importantes para as diversas regiões do mundo, ainda hoje essa área é a pouco explorada como ciência.

O turismo, como vimos, é um dos setores mais dinâmicos da atualidade, pois envolve uma multiplicidade de atividades, que exercem impacto sobre os ambientes urbano e rural, além de influenciar questões sociais e econômicas em muitos países do mundo.

2.2.1 A evolução do estudo do turismo

O turismo contemporâneo surgiu da transformação do modo de produção artesanal para o industrial. Após a implementação da divisão de trabalho nas fábricas, viajar com finalidades turísticas se tornou uma atividade rotineira, inicialmente, em algumas sociedades ocidentais, fazendo parte do ciclo das relações de trabalho atuais, no sentido trabalho–ócio–lazer[2], e provocando mudanças nos aspectos socioeconômicos do fenômeno turístico, que incidiram diretamente nas abordagens sobre ele.

De acordo com Panosso Netto, Noguero e Jager (2011), os conhecimentos técnico, científico e filosófico concernentes ao turismo começaram a ser explorados na Itália, na Suíça, na Áustria e na Alemanha em meados do século XIX, de forma esporádica – o que vai de encontro à afirmação de que o estudo do turismo teve início pouco antes da Segunda Guerra Mundial. No entanto, foi nesta época, entre as décadas de 1920 e 1930, que o turismo passou a ser percebido pelas comunidades e países como uma força econômica potencial.

O campo de pesquisa e educação em turismo se estendeu pelo mundo, não só pelo potencial econômico da atividade, mas também pelos possíveis

---

[2] Em virtude do crescimento das indústrias e das fábricas, da intensa jornada de horas de trabalho dos operários e do consequente direito a férias, surgiram equipamentos voltados para o lazer da classe operária, as chamadas *colônias de férias*, implicando significativamente no aumento das viagens do mundo ocidental. Essas colônias eram propriamente os lugares onde esses trabalhadores passavam suas férias, ou seja, eram equipamentos com infraestrutura de hospedagem, alimentação e lazer.

impactos gerados nos âmbitos socioeconômicos, socioculturais e ambientais. Para compreendermos o desenvolvimento atual do campo de estudos do turismo, Jafari (1994) sugere tomarmos como base algumas plataformas[3] que dividem a evolução das abordagens referentes ao turismo.

A primeira – **plataforma defensora** –, constituída por volta da década de 1930, baseou-se nas ideias de empresas relacionadas aos aspectos econômicos do turismo, tanto de organizações privadas quanto do setor público, que enfatizaram, em um primeiro momento, a importância da atividade para a economia.

Posteriormente, por volta da década de 1960, a **plataforma de advertência** começou a receber destaque, por meio de investigações causais[4] e do questionamento dos benefícios e da importância econômica do turismo, em contraposição ao que a plataforma anterior defendia quanto à geração de empregos e aos benefícios das empresas. Esse posicionamento problematizava o tema, com a argumentação de que os empregos criados em função do turismo geralmente são sazonais e as empresas desse setor frequentemente destroem as paisagens e o meio ambiente, além de causarem danos socioculturais nas comunidades receptoras.

Com base no debate sobre os impactos do turismo trazido pelas duas primeiras bases conceituais, surgiu a **plataforma de adaptação**, a partir dos anos de 1980, que trouxe considerações a respeito de como desenvolver o turismo de maneira a diminuir os seus possíveis impactos negativos e planejá-lo de modo que seus benefícios sejam usufruídos.

Finalmente, a **plataforma baseada em conhecimento**, por volta da década de 1990, amadureceu a relação do turismo com diferentes disciplinas e campos do conhecimento, por meio de considerações relativas

---

3   O sentido de *plataforma* aqui apresentado pelo autor Jafar Jafari pressupõe vertentes de estudiosos que seguem a mesma linha de análise e pesquisa.

4   Investigam as causas de determinados fenômenos; neste caso, o turismo.

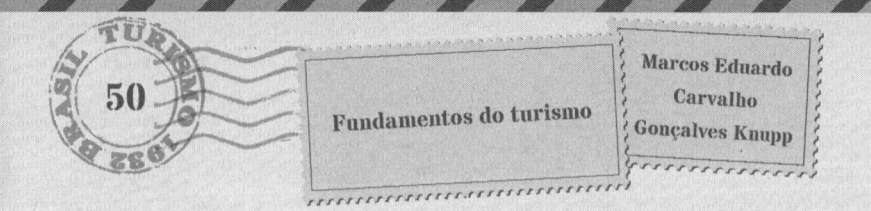

à estrutura do setor, ao lugar do turismo em maiores contextos e às suas funções nos diversos níveis – social, grupal, empresarial e governamental. Portanto, essa plataforma considera a grande variedade de ideias sobre o turismo, deslocando-o de sua magnitude econômica para considerá-lo como um sistema (Jafari, 1994).

Nesse sentido, é possível compreender o sistema turístico, importante abordagem do turismo explorada por muitos autores, como o brasileiro Mario Carlos Beni (2001, 2006), além de Cuervo, Leiper (1979) e Molina (2003). Utilizando-se das bases da teoria geral dos sistemas[5] proposta por Ludwig von Bertalanffy (1901-1972), os autores citados consideram a existência de elementos que interagem no tempo e no espaço de forma determinada. Para Beni, Cuervo, Leiper e Molina, a atividade turística é composta basicamente de alguns elementos, tais como turistas, empresas, sociedades civis organizada, privada ou pública, poder público e território. São elementos relacionados entre si e, portanto, em constante interação. A título de exemplo, temos o modelo básico de Leiper (1979), constituído de três elementos – turista, elementos geográficos e indústria –, que ilustra essa perspectiva do turismo como sistema integrado.

---

5 Existem alguns pressupostos básicos dessa teoria. Primeiramente, sugere-se que existe uma nítida tendência para a integração das várias ciências naturais e sociais. Esse é o fio condutor para uma teoria dos sistemas, que pode abranger estudos de campos não físicos do conhecimento científico. Assim, essa teoria desenvolve princípios unificadores, levando a uma integração dentro da educação científica. Esses sistemas podem ser físicos ou concretos e abstratos ou conceituais, por conta da sua constituição, bem como fechados ou abertos, por conta da sua natureza.

Físicos ou concretos – Quando compostos de equipamento, de maquinaria e de objetos, entre outras coisas reais.

Abstratos ou conceituais – Quando compostos por conceitos, planos, hipóteses e ideias.

Fechados – Não apresentam intercâmbio com o meio ambiente que os circunda; sendo assim, não recebem nenhuma influência do ambiente e por outro lado não influenciam.

Abertos – Sistemas que apresentam relações de intercâmbio com o ambiente, por meio de entradas e saídas.

Para saber mais

Caso você queira aprofundar seus conhecimentos a respeito do sistema integrado de Leiper, consulte o seguinte artigo:

HALL, M.; PAGE, S. **The Contribution of Neil Leiper to Tourism Studies**.
Disponível em: <https://www.academia.edu/223432/The_Contribution_of_Neil_Leiper_to_Tourism_Studies>. Acesso em: 22 ago. 2015.

Podemos considerar que o sistema turístico é caracterizado como um sistema aberto, pois sofre influência e interferência de diversos fatores externos (políticos, econômicos e sociais).

Mesmo se considerarmos os esforços de alguns países para a padronização global de estatísticas relativas ao turismo desde a década de 1930, ainda faltam dados consistentes no tocante à proporção desse fenômeno em termos científicos, sociais e ambientais. Essa falta se justifica pelo fato de essa atividade apresentar uma natureza transversal e envolver-se ou misturar-se com diversos segmentos do setor terciário (serviços de alimentação, hospedagem, transporte etc.), bem como provocar impactos socioculturais e socioambientais, por parte tanto da intervenção dos turistas quanto das empresas e dos estabelecimentos turísticos.

Diagnostica-se, contudo, que algumas disciplinas apropriam-se do turismo de maneira inadequada, fato que suscita a seguinte questão: o turismo deve ser estudado sob um enfoque multidisciplinar, transdisciplinar e interdisciplinar ou deve ser considerado uma disciplina, uma ciência ou um campo de estudos?

O campo de conhecimento do turismo pode ser visualizado na Figura 2.1, que demonstra a relação interdisciplinar que conforma os campos de estudos turísticos, os quais, por sua vez, dão contorno ao mundo do turismo.

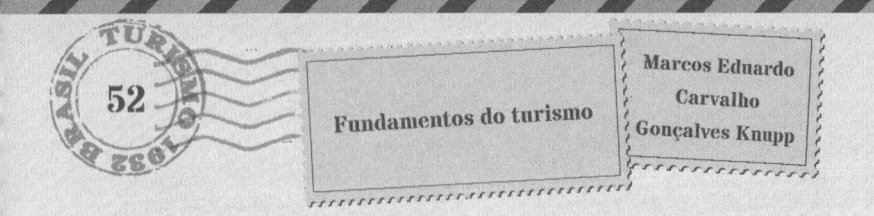

Figura 2.1 – **Campos de conhecimento do turismo**

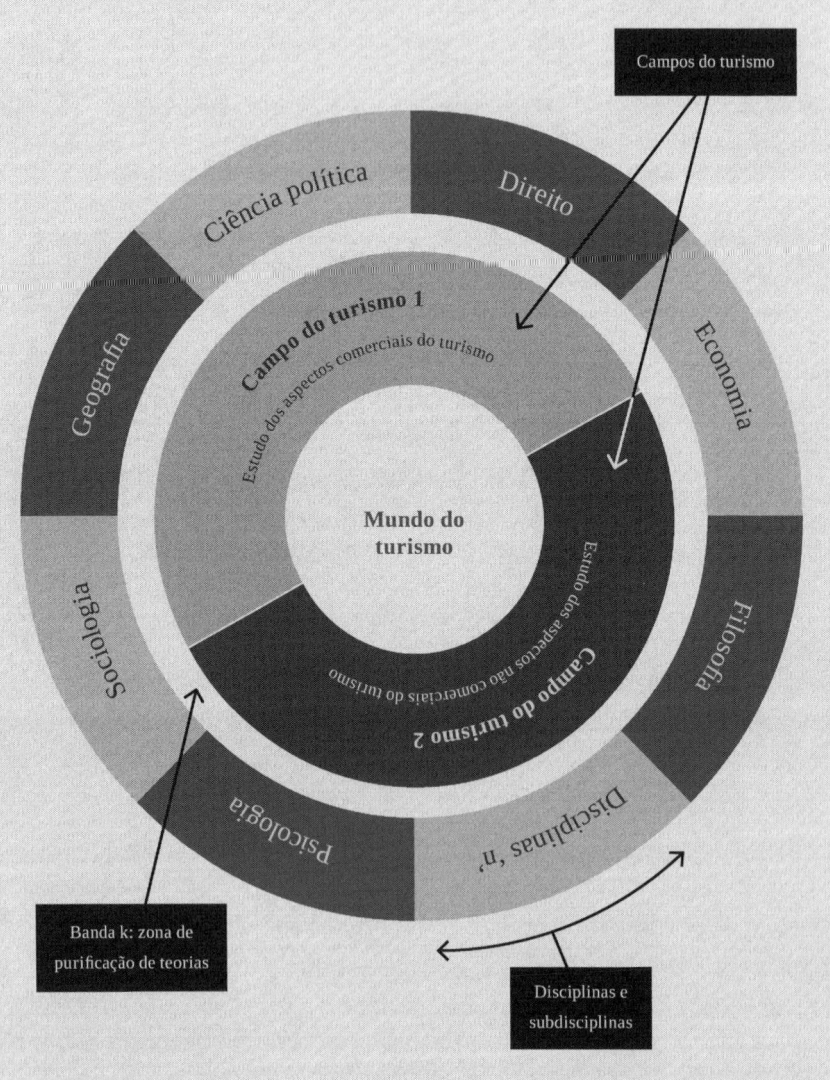

- Campos do turismo
- Direito
- Economia
- Filosofia
- Disciplinas "n"
- Psicologia
- Sociologia
- Geografia
- Ciência política
- Campo do turismo 1 – Estudo dos aspectos comerciais do turismo
- Campo do turismo 2 – Estudo dos aspectos não comerciais do turismo
- Mundo do turismo
- Banda k: zona de purificação de teorias
- Disciplinas e subdisciplinas

Fonte: Adaptado de Goeldner; Ritchie; McIntosh, 2002.

2 Conceitos básicos e campos de estudo do turismo

Segundo Goeldner, Ritchie e McIntosh (2002), para se definir o turismo, é necessário levar em conta a abrangência desse setor em relação a quatro elementos fundamentais:

1. o turista, que busca experiências diversas e satisfações pessoais/profissionais;
2. as empresas, fornecedoras de bens e serviços do mercado turístico;
3. o governo, para o qual o setor turístico é um fator de renda (receitas, impostos); e
4. a comunidade, para a qual o turismo é um fator gerador de empregos e cultura.

Assim, fica evidente que o fenômeno do turismo estimula estudos em diferentes enfoques acadêmicos dependendo da análise em questão. Justamente pelo fato de o turismo apresentar um caráter multissetorial, existe certa dificuldade na formulação de seu conceito. De acordo com cada visão, o turismo tem sido tratado como uma indústria, uma soma de operações de natureza econômica ou um fenômeno social e econômico (Mendonça, 2006). Nesse sentido, Oliveira (2007, p. 6) também assegura que, "embora o turismo seja analisado em diversas disciplinas do conhecimento humano, envolvendo discussões sobre os fenômenos sociais, suas múltiplas interpretações dificultam a perfeita conceituação do termo".

Ao entendermos o turismo como um fenômeno social e econômico, somos levados a compreender sua essência, caracterizada pelo deslocamento humano e pela atividade econômica contemporânea, que estimulam a existência de uma interação entre culturas, povos e sociedades em diversos territórios, bem como de relações diversas entre vários setores que o compõem, gerando uma diversidade de impactos em abordagens macro e microespaciais.

2.3 O turismo como fenômeno

Diante da abrangência da atividade turística e de suas consequências na sociedade e, especificamente, na economia, consideramos duas abordagens características: a sociológica e a econômica. Como vimos anteriormente, o turismo implica o deslocamento humano e o contato entre as pessoas em determinados espaços e estabelecimentos. Para que o deslocamento aconteça, é necessário que os envolvidos nesse processo obtenham, por meio de trocas, os elementos necessários para consolidar sua experiência de viagem, que vai desde a escolha do destino em si até a viagem e, consequentemente, as implicações posteriores dessa experiência.

Considerando o **aspecto sociológico da experiência de viagem**, a troca se iniciaria no momento da escolha do destino turístico e do contato dos visitantes com o lugar visitado, incluindo também as decorrências de uma relação[6] entre turistas e comunidades. Autores que estudam o turismo de acordo com essa abordagem (Cohen, 1979; Przecławski, 2003; Cynarski; Obodyński, 2004; Krippendorf, 2001) consideram-no um fenômeno de movimento no espaço, conectado com mudanças temporais voluntárias de lugar e de ritmo de vida, acompanhadas pela realização de contatos pessoais com o ambiente visitado, seja ele natural, cultural ou pessoal. É com base nessa perspectiva inicial que esses autores estudam os turistas e os fenômenos causados pelo turismo.

---

6 Jost Krippendorf (2001) elabora uma crítica às características do desenvolvimento social, ancorado por uma abordagem estritamente economicista – aumento do consumo, produção em massa e lucros. A abordagem sociológica desse autor considera as necessidades dos indivíduos, divididas em dois polos: a necessidade de viajar e a necessidade de trabalhar. Nesse sentido, uns vão ao encontro da necessidade dos outros, ou seja, enquanto algumas pessoas trabalham nos setores do turismo para suprir a necessidade de viajar de outras, indivíduos viajam e suprem a necessidade de trabalhar dos profissionais empregados nos setores do turismo, podendo ser diagnosticados conflitos (tensões e inquietações) entre os atores envolvidos.

Em outra abordagem, com enfoque no **aspecto econômico do turismo**, essa troca, que também se iniciaria no momento de definição do destino a ser visitado, sendo desenvolvida no momento do contato dos visitantes com o lugar visitado e considerando as decorrências dessa experiência, implica relações econômicas. Os autores que defendem essa abordagem (Dwyer; Spurr, 2015; Dwyer; Forsyth; Papatheodorou, 2011; Stynes, 1999) apontam para a produção de recursos econômicos, bens e serviços, por meio do consumo e de relações comerciais, tanto no aspecto microeconômico quanto no aspecto macroeconômico. Esse processo provoca, entre outro eventos, uma relação de consumo, principalmente de serviços.

Entre as décadas de 1910 e 1940, houve uma centralidade do aspecto econômico do turismo, impulsionada pela escola de Berlim (representada por estudiosos como Arthur Bormann e Robert Gluksmann). As considerações principais que justificam a adoção dessa perspectiva derivam do fato de que o turista gasta dinheiro nas localidades, trazendo divisas e impulsionando a economia dos lugares que visita. Além disso, o turismo é um composto de equipamentos – meios de hospedagem, de transporte e agências de viagens, entre outros – que também movimentam a economia. Essas considerações fizeram com que a economia turística compusesse a maior parcela da bibliografia existente sobre esse campo de estudos (Siqueira, 2005).

Fica evidente, por meio de conceitos de teóricos e de estudos empíricos, a **dualidade entre os caracteres econômico e sociológico** do fenômeno[7]

---

[7] A fim de problematizar essa questão, Jafari (1994, p. 4) afirma que, "além de ter um ponto de partida tardio, o turismo se ocupa de um fenômeno limitado, enquanto os domínios das ciências sociais cobrem um espectro muito mais amplo. Além disso, o turismo não é apenas um fenômeno, mas também uma indústria (de enorme tamanho e alcance global). Inclusive, pode ser definido em termos quantitativos, como uma empresa ou um negócio".

do turismo. Essa atividade muitas vezes é tomada como um fato social, enquadrando-se em concepções de fenômeno social. Outras vezes, é analisada como uma indústria, contemplando a discussão a respeito dos fatores econômicos relacionados. Diante disso, é possível inferirmos que um fato econômico pode ser traçado como um fenômeno social, uma vez que a ação econômica é sempre socialmente situada. Essa é uma consideração necessária para se estudar o turismo.

Como você pode perceber, a atividade turística é um fenômeno complexo, característica que dificulta sua definição terminológica. De forma simples, é possível tratá-la como um fato econômico ou social. Tanto na abordagem sociológica quanto na econômica, pressupõe-se que, de maneira lógica, existe um mercado específico da atividade que envolve pessoas e organizações, públicas e privadas, as quais permeiam todos os processos.

Se, por outro lado, tomarmos por base de estudos o **aspecto temporal** do turismo, percebemos como essa área se tornou mais complexa ao longo dos anos, justamente pelo aumento da demanda, pela segmentação de mercado específico e, consequentemente, pela atenção dos governos dada ao setor turístico. Destacamos que seu fundamento é sempre o mesmo – deslocamento humano e experiência de viagem por meio de trocas, atualmente permeadas de relações comerciais. Isso nos leva a entender que esse fenômeno movimenta uma série de atividades que fazem parte, em sua essência, da indústria terciária, voltada para serviços, e que mobilizam um montante considerável de atividades afins que indiretamente contribuem para a efervescência do turismo contemporâneo, conforme discutiremos nos capítulos seguintes.

Ainda não existe uma epistemologia do turismo, ou seja, a discriminação entre sua razão de ser e sua essência[8]. Sendo assim, não existe um consenso sobre as seguintes questões:

» O que é legítimo no estudo do turismo?
» Quais são os limites dos estudos turísticos?

Fato é que o turismo ainda não é considerado pela maioria dos pesquisadores como uma ciência, pois eles ainda estão em busca de um paradigma que envolva visões de mundo, conceitos e valores próprios. Em razão dessa demanda, de acordo com Panosso Netto e Castilho Nechar (2014), os estudiosos utilizam-se de várias teorias, das quais destacamos: positivismo (Cooper, Fletcher, Gilbert e Wanhill); sistemismo (Sessa, Molina, Beni e Boullón); marxismo (Young, Bonaldo, Ouriques, Bem, Mullor, Blázquez e Jiménez); fenomenologia (Cohen, Molina, Masberg, Silverman, Marioli, Ingram, Panosso Netto, Caton, Santos, Andriotis, Szarycz, Santos, Yan, Pernecky e Jamal); hermenêutica (Ferreira, Patterson, Watson, Williams, Roggenbuck, Caton e Santos).

De modo geral, no que compete à cientificação do turismo, podemos verificar que existem três correntes a respeito dessa iniciativa:

1. O turismo não é uma ciência, mas está trilhando o caminho para tornar-se uma.
2. O turismo não é e nunca será uma ciência, pois se constitui apenas de uma atividade humana.
3. O turismo é uma ciência, pois dispõe de um corpo teórico maduro e relativamente grande.

---

8 Como advoga Panosso Netto (2003, p. 58), "a epistemologia busca verificar o que é válido no conhecimento de determinado fenômeno".

De acordo Siqueira (2005), temos pouco tempo de discussão sobre a epistemologia do turismo. São cerca de apenas 50 anos de discussões no exterior – com destaque para as três últimas décadas –, e de pouco mais de uma década no Brasil.

2.4 Definições e campos de estudo

Nos anos de 1990, ocorreu um progresso considerável no desenvolvimento de uma definição do turismo, impulsionado por pesquisadores e organizações específicas. Dessas pesquisas, podemos distinguir duas vertentes de análise, baseadas na demanda e na oferta, cujas definições conceituais e técnicas estão indicadas no Quadro 2.1.

Quadro 2.1 – Definições conceituais e técnicas de demanda e oferta

	Demanda	Oferta
Conceito	"As atividades das pessoas que viajam ou permanecem em lugares que não [são] o seu ambiente normal por não mais do que um ano consecutivo, por lazer, trabalho ou outras razões" (WTO, citado por Cooper et al., 2007).	"A indústria turística consiste em todas aquelas empresas, organizações e instalações destinadas a servir às necessidades e aos desejos específicos dos turistas" (Leiper, citado por Cooper et al., 2007).
Técnica	Período de estada mínima e máxima; categorias de propósito de visitas; avaliação da distância percorrida.	Empresas que servem aos turistas e empresas que servem aos residentes.

No entanto, muito antes das definições supracitadas, desde a década de 1930, algumas organizações – como o Conselho da Liga das Nações e a Comissão Estatística das Nações Unidas – vêm reunindo esforços para a obtenção de dados estatísticos referentes ao turismo. Esses esforços culminaram na década de 1990, que se caracterizou por uma busca intensiva pela padronização dos dados de todos os países, a fim de reunir estatísticas específicas desse setor. Em 1993, essas propostas, uma vez revistas e aperfeiçoadas, foram submetidas à aprovação da 27ª sessão do Conselho de Segurança das Nações Unidas (CSNU), em conjunto com a Classificação Internacional Padrão das Atividades Turísticas (Sicta), e representam a primeira recomendação internacional para a determinação dos fundamentos básicos de um **sistema de estatísticas do turismo** em termos de conceitos, definições, classificações e indicadores.

Em paralelo, com o objetivo de estabelecer ligações com o quadro analítico das contas nacionais, a Organização para a Cooperação e Desenvolvimento Econômico (OCDE) iniciou um trabalho em meados de 1980. Em 1997, o Comitê de Turismo da OCDE fez a sua primeira proposta de elaboração de uma **conta satélite do turismo**[9] para medição dos impactos econômicos do setor nos países. Em junho de 1999, durante a Conferência Mundial sobre a Medição do Impacto Econômico do Turismo, a OMT apresentou uma proposta de novas recomendações internacionais, alterando assim a primeira proposta da conta satélite do turismo. Esse trabalho se tornou o principal documento de referência sobre estatística internacional da área e vem sendo aperfeiçoado ao longo dos anos em conjunto com diversas entidades internacionais, como a Divisão Estatística das Nações Unidas, a OCDE e o Gabinete de Estatísticas da

---

9   Instrumento estatístico usado para medir o impacto do turismo nos demais setores de uma economia.

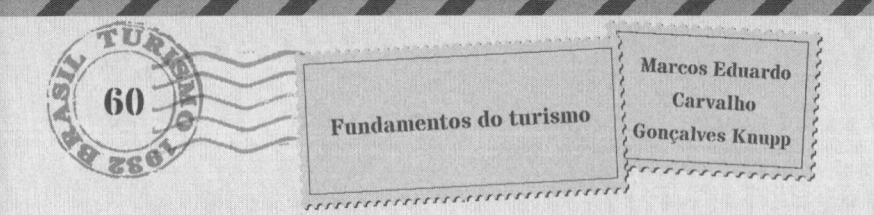

União Europeia (Eurostat), por meio de um grupo de cooperação para compilação de estatísticas (OMT, 2001a).

Esses dados subsidiaram diversos estudos, principalmente os relacionados a aspectos econômicos[10]. Gradualmente, o turismo ganhou força entre os economistas. A primeira revista acadêmica específica da área de economia do turismo surgiu em 1995; na mesma época, surgiram também associações, comissões e órgãos internacionais específicos da área, entre eles a Associação Internacional para a Economia do Turismo, criada em 2007 (Dwyer; Forsyth; Papatheodorou, 2011).

As principais áreas de investigação do turismo, dentro do quadro metodológico do *mainstream* da disciplina econômica, incluem alguns temas como modelagem de demanda[11] e previsão de impacto econômico[12] (Dwyer; Forsyth; Papatheodorou, 2011). Outras abordagens também aplicadas ao turismo incluem a teoria dos jogos e a teoria do caos. Alguns temas menos estudados são a economia ecológica, a redução da pobreza e o desenvolvimento sustentável. Em sentido geral, a economia do turismo tem se tornado cada vez mais quantitativa – especificamente, tem estado cada vez mais relacionada ao estudo de demanda e do impacto econômico.

---

10 Dwyer, Forsyth e Papatheodorou (2011) afirmam que, ao mesmo tempo, o estudo da economia do turismo atraiu relativamente poucas pesquisas de economistas em comparação com outros temas, tais como os de setores de energia e transportes.

11 A modelagem da demanda turística expõe diferentes modelos estatísticos. Segundo Moura e Montini (2010), esses modelos buscam conhecer o comportamento de uma variável a ser predita (variável dependente) a partir de sua relação com variáveis preditoras (variáveis independentes). A aplicação para a atividade turística seria mensurar gastos de viagem, origem dos turistas, duração das viagens, entre outros aspectos.

12 O cálculo da previsão do impacto econômico parte de metodologias utilizadas no campo da economia que trabalham especificamente os impactos direto e indireto das atividades. No caso do turismo, o impacto direto é resultado do desdobramento dos investimentos, das intervenções e do número de turistas em dadas localidades. Já o impacto indireto é fruto da "recirculação" do dinheiro na economia.

Algumas áreas de investigação do turismo

A **teoria dos jogos** é um ramo da matemática que foi difundido pela publicação, em 1944, do livro *Theory of Games and Economic Behavior*, de John von Neumann e Oskar Morgenstern (Brams, 1975). Segundo Morrow (1994), a teoria dos jogos é utilizada para estudar e entender as situações estratégicas que envolvem interações entre indivíduos, considerando os subgrupos de situações sociais, a fim de explicar como as decisões individuais são inter-relacionadas e como elas se transformam em resultados – por meio de modelos matemáticos, essa teoria tem a capacidade de prover uma maneira de formalizar as estruturas sociais e examinar os efeitos de estrutura nas decisões individuais.

O objeto de estudo da **teoria do caos** são os sistemas dinâmicos não lineares, ou seja, o comportamento aleatório e imprevisível dos sistemas; por meio da análise desses elementos, é mostrada uma faceta em que podem ocorrer irregularidades na uniformidade da natureza como um todo (Villate, 2007). A aplicação da teoria no turismo se dá pelo fato de que alguns autores consideram esse setor como um sistema, formado por um conjunto de atores que se inter-relacionam – fator que possibilita a análise, por meio da teoria do caos, do relacionamento entre atores turísticos.

A **crítica ambientalista** do fim das décadas de 1960 e 1970, que colocou em pauta a questão ambiental e as discussões sobre o desenvolvimento sustentável (inclusive nas análises do *mainstream* econômico), está justamente na raiz do que veio posteriormente a constituir-se como economia ecológica. Trata-se de um campo transdisciplinar que busca a interdependência e a coevolução das economias humanas e dos ecossistemas naturais ao longo do espaço e do tempo. A aplicação dessa abordagem no turismo se dá por meio de análises do funcionamento do sistema econômico e das inter-relações entre este e o sistema ambiental.

> O **desenvolvimento sustentável** é um tipo de investigação do fenômeno turismo relacionado ao fato de que, para reduzir a pobreza, melhorar a igualdade e gerar empregos, o crescimento econômico precisa ser inclusivo, voltado para o desenvolvimento sustentável, a fim de resguardar recursos presentes para as futuras gerações. A atividade turística já demonstrou, em algumas regiões, que tem potencial para isso. A OMT tem um papel importante como difusora dessa abordagem, pois promove programas e projetos a fim de introduzir estudos e práticas voltadas ao turismo sustentável em algumas regiões consideradas subdesenvolvidas.

O turismo tem sido considerado a indústria de maior crescimento mundial por mais de cinco décadas, fato constatado por agências, órgãos e instituições internacionais como a OMT e a WTTC. Alguns fatores foram decisivos para esse feito. Destacamos que o setor terciário, fundamentalmente composto por atividades voltadas para a prestação de serviços, no qual o turismo está incluso, cresceu no conjunto das economias mundiais na segunda metade do século XX, enquanto os setores primário e secundário, em alguns momentos, estagnaram e, em outros, obtiveram leve declínio (Gráfico 2.1).

Gráfico 2.1 – Porcentagem de empregos nos
três setores econômicos (1960-2009)

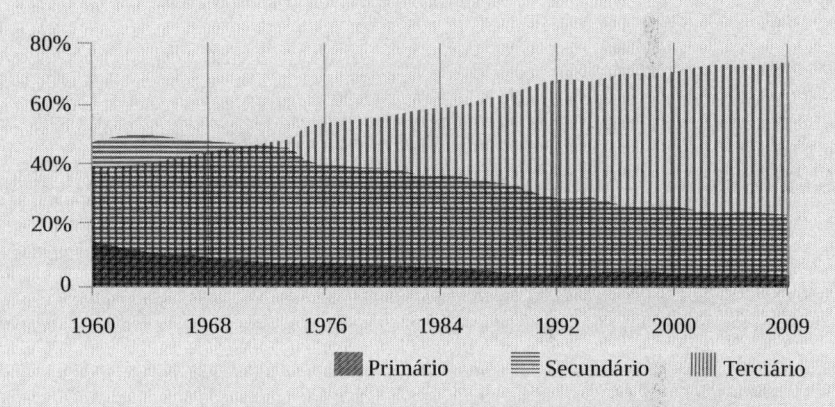

[Gráfico de barras mostrando a evolução dos setores Primário, Secundário e Terciário de 1960 a 2009, com eixo y variando de 0 a 80%]

Primário   Secundário   Terciário

Fonte: Adaptado de Swiss Foundation for Research in Social Science, 2012.

A ascendência do setor de serviços e a sua crescente participação na economia no século XX, de modo geral, foram tão importantes para o desenvolvimento econômico quanto a Revolução Industrial e a crescente participação da manufatura para os dois séculos anteriores (Kenessey, 2005). Para analisarmos esse crescimento, devemos considerar que os três setores da atividade econômica estão amparados em quatro elementos principais do processo de trabalho: extração (primário), processamento (secundário), distribuição e informação (terciário). A produção está envolvida em todos esses setores; assim, para produzir, é necessário dispor de insumos básicos (matéria-prima), manufaturá-los e distribui-los.

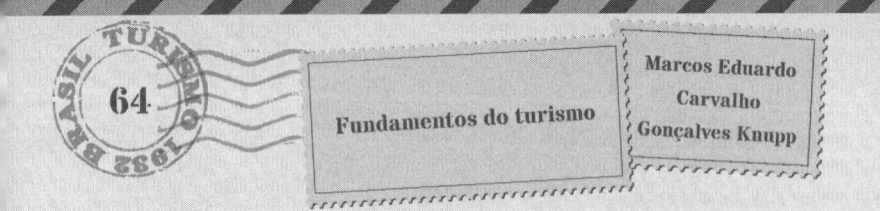

Devemos considerar, no entanto, que a transformação dos setores[13] – em que o setor terciário sofre um aumento considerável, enquanto os setores primário e secundário sofrem um leve declínio –, se deve ao fato de que a divisão do trabalho avançou muito mais após o século XX. O crescimento da divisão do trabalho ocorreu a partir de informações relacionadas às atividades especializadas, que se manifestaram no grande aumento dos setores de serviços na economia moderna, fenômeno que influenciou o turismo no âmbito do setor terciário da economia.

Além das atividades realizadas no destino de quem viaja, o turismo abrange aquelas exercidas pelos fornecedores de produtos e serviços turísticos que se situam nos chamados *núcleos emissores* (Garrido, 2001). Por essa especificidade, o turismo atualmente é tido como uma força econômica mundial relevante e uma indústria de grandes proporções.

Dados estatísticos das organizações internacionais do turismo, como a OMT e a WTTC, sugerem um aumento da indústria turística desde a Segunda Guerra Mundial. De acordo com Jafari (1994), em 1950 foram registradas 25,3 milhões de chegadas de turistas internacionais ao Brasil, número que produziu uma receita de U$ 2,1 milhões. Quatro décadas depois, em 1990, 416 milhões de turistas internacionais geraram para o país U$ 230 milhões. Em 2011, foi atingida a marca de 980 milhões de

---

13 "O aumento da especialização em técnicas de divisão do trabalho levou a profissões e estabelecimentos dedicados à busca de atividades predominantemente de extração (como na mineração ou agricultura), a estabelecimentos envolvidos principalmente no processamento (fabricação) de produtos extraídos em mineração e agricultura, a entidades especializadas em fatores de prestação e resultados de trabalho (no comércio e transporte de mercadorias e pessoas), e finalmente, a instituições de ensino, cura e tomada de decisão que têm a informação (no sentido amplo da palavra) no centro de sua atenção" (Kenessey, 2005, p. 368, tradução nossa).

turistas internacionais, com crescimento de 4,4% ao ano, segundo dados da OMT (2012) – ao passo que, nesse mesmo ano, a economia mundial apresentou crescimento de 3,8%. Em outras palavras, em 2011 a atividade turística no Brasil cresceu em proporção maior que a da economia mundial.

Atualmente, o setor do turismo continua crescendo, de um modo geral, apesar de sofrer impactos das crises econômicas mundiais, como as ocorridas em 2008 e em 2011 (Gráfico 2.2). Em 2012, a contribuição total das viagens e do turismo para o PIB mundial foi de U$ 6,6 trilhões, congregando 260 milhões de postos de trabalho. Nesse ano, o setor movimentou algo em torno de U$ 760 bilhões em investimentos e U$ 1,2 trilhões em exportações. A contribuição total do turismo em 2012 representou 9% do PIB da economia mundial, bem como a ocupação de 1 posto de trabalho do setor turístico em cada 11 postos de trabalho, 5% do total de investimento da economia e 5% das exportações mundiais (WTTC, 2013).

Apesar de estarem em curso condições econômicas desafiadoras, a contribuição direta do turismo e das viagens para o PIB global aumentou a um índice robusto de 3,2% em 2012, ou seja, o turismo teve o crescimento mais intenso da economia mundial, maior ainda que o dos serviços financeiro e comercial. Portanto, o crescimento do setor turístico foi maior que o de várias outras indústrias (WTTC, 2013).

Gráfico 2.2 – PIB mundial e demanda de viagens e turismo

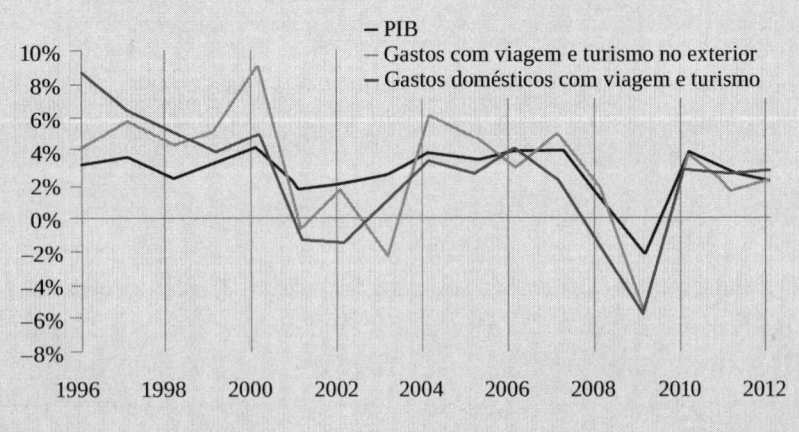

— PIB
— Gastos com viagem e turismo no exterior
— Gastos domésticos com viagem e turismo

Fonte: WTTC, 2012.

Os períodos de crescimento da economia mundial coincidem com os períodos de aumento do fluxo internacional, conforme apontam a OMT (2009) e os dados do Gráfico 2.2. Sendo assim, é possível percebermos que existe uma correlação positiva entre os números ascendentes da economia mundial e do turismo internacional, apesar da maior volatilidade da taxa de crescimento do turismo.

Os setores privado e público têm se interessado pelos impactos econômicos do setor, que tem gerado um significativo montante de empregos[14] em áreas diversas e segmentos específicos – eventos, alimentação, transportes, vendas de produtos específicos (como *souvenirs*), vendas no comércio local, entre outros. Assim, o turismo está necessariamente "gerando a produção de recursos econômicos que poderiam ter aplicações

---

14 O turismo é uma excelente ferramenta para o desenvolvimento econômico e a criação de empregos. No total, a indústria contribuiu para o aumento de 10% de todos os novos empregos criados em 2012 (WTTC, 2013).

alternativas e que são distribuídos para o consumo de toda a sociedade" (Lage; Milone, 2001, p. 45).

Por outro lado, tanto as empresas quanto os governos e as comunidades sofrem, em decorrência do turismo, custos diretos e sobrecarga na utilização da sua infraestrutura, além de poluição audiovisual, sonora e ambiental (relacionada ao consumo dos turistas) e impacto sociocultural (resultado da relação entre os turistas e a população local). Desse modo, o impacto econômico do turismo não traz apenas benefícios, mas também custos.

> Decisões acertadas repousam em uma avaliação objetiva e equilibrada de ambos os benefícios e custos e em uma compreensão de quem se beneficia com o turismo e quem paga por isso. Impactos econômicos do turismo são, portanto, uma consideração importante do Estado, do ordenamento do território e da comunidade e do desenvolvimento econômico. Impactos econômicos também são fatores importantes nas decisões de marketing e gestão. As comunidades devem entender a importância relativa do turismo para a sua região, incluindo a contribuição do turismo para a atividade econômica na área. (Stynes, 1999, p. 1, tradução nossa)

Um obstáculo importante para uma avaliação adequada dos benefícios e dos custos econômicos envolvidos nas atividades turísticas é o fato de que o turismo muitas vezes não é visto como um setor distinto, de acordo com a maior parte das metodologias adotadas para a produção de estatísticas econômicas ou de contas nacionais. Pham, Dwyer e Spurr (2010), nesse sentido, apontam ser difícil a mensuração do turismo, uma vez que esse setor não é facilmente separável de outros setores dada a diversidade de seus fornecedores (de alojamento, transporte, telecomunicações etc.).

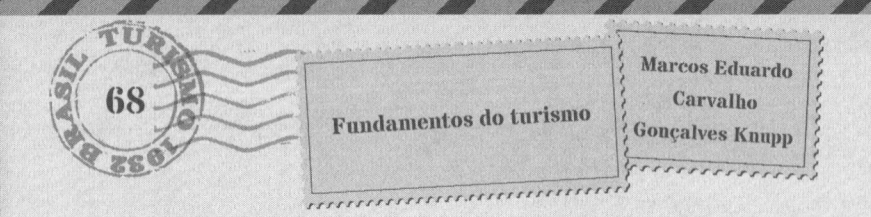

Síntese

Abordamos, neste capítulo, os conceitos mais relevantes para a compreensão da definição complexa do turismo. Para tanto, destacamos a diferença básica entre viagem receptiva e viagem emissiva. Nessa abordagem, pudemos enfatizar outra diferença: a existente entre turismo receptivo e turismo emissivo. O estudo desses aspectos se justifica pelo fato de que os lugares de origem e destino dos turistas impactam a compreensão da atividade.

Em seguida, apresentamos o histórico do estudo do turismo exemplificado por meio de plataformas (Jafari, 1994), que dividem a evolução da maneira de abordar o turismo e, em razão disso, possibilitam a visualização da ordem cronológica das análises sobre esse setor.

As perspectivas de estudos do turismo são várias e perpassam por diversas ciências que se tornam subáreas de estudo. A exemplo dessas abordagens, destacamos as que enfocam o aspecto sociológico ou o aspecto econômico. Por meio da compreensão desses aspectos, é possível estabelecer uma clara distinção acerca da condução das pesquisas em turismo, sendo possível considerar que existe uma dualidade entre seu caráter econômico e seu aspecto sociológico. Por fim, discorremos sobre as análises baseadas na demanda ou na oferta, que costumam ser o ponto de partida para o entendimento sistematizado da atividade turística, e o crescimento mundial do setor turístico na atualidade.

Questões para revisão

1. Elabore um texto considerando as definições e os conceitos básicos do turismo, bem como os aspectos históricos e a evolução desse setor. Para tanto, devem ser levados em consideração os primórdios do deslocamento humano e as primeiras viagens, atrações e agentes, além da influência dos transportes na consolidação da atividade. Considere também os seguintes

temas: o estudo do setor, que inclui as definições de turismo e turista e a epistemologia do turismo, além da crítica referente a sua construção como ciência. Como você pode perceber, esta questão considera os conteúdos discutidos nos capítulos 1 e 2 desta obra.

2. Considere três viajantes (A, B e C) rumo a destinos diferentes. O viajante A vai para uma cidade conhecida por suas estâncias com poderes medicinais, numa região de forte atração turística, participar de uma reunião sobre a formação de uma convenção para ampliar a visitação na região. Sua visita terá duração de três dias. Já o viajante B viaja em direção a uma cidade vizinha que pouco dispõe em termos de infraestrutura de turismo. Ele vai aproveitar o fim de semana com os amigos e acampar nas proximidades da cidade, onde deve haver alguns *shows* de bandas locais. Finalmente, o viajante C vive um momento ímpar em sua vida, pois foi aprovado no vestibular de turismo (cuja duração é de quatro anos) e sairá de sua casa para ir à cidade da universidade (em outro estado). Após ler atentamente as descrições, defina e explique cada um desses deslocamentos como sendo excursionista, residente ou turista. Defina, por fim, os conceitos aprendidos de *turista* e *excursionista* segundo a OMT.

3. O que a epistemologia do turismo busca verificar?
   a) O que é válido e legítimo para o estudo do turismo e quais são seus limites.
   b) A dualidade entre aspectos econômicos e sociológicos, as definições de *turismo* e *turista* e as plataformas do turismo.
   c) A demanda turística, a oferta turística e os conceitos sobre turismo.
   d) As definições de *turismo* e *turista*, as plataformas do turismo e a demanda e a oferta turísticas.

4. De acordo com Jafari (1994), o turismo passou por quatro fases de estudo desde a década de 1950, denominadas pelo autor de *plataformas do pensamento em turismo*. Quais são elas e o que elas representam?

a) Fenômeno, atividade, indústria e teoria. A primeira trouxe a ideia do turismo como um fenômeno humano que acontece em todas as sociedades. A segunda concebeu o turismo como uma atividade que envolve uma multiplicidade de organizações e estruturas. A terceira trouxe considerações a respeito da indústria turística, levando em consideração o aspecto econômico da atividade. A quarta considerou, finalmente, o turismo como uma ciência ou em vias de ser considerado uma, com corpos teórico e metodológico próprios.
b) Dinâmico, interdisciplinar, multissetorial e complexo. A primeira considerava altamente dinâmica a atividade turística na sociedade contemporânea. A segunda trouxe considerações a respeito das relações entre as diversas disciplinas que formam o turismo. A terceira plataforma se baseou em diversos setores que compõem a atividade turística. A quarta elucidou a complexidade do turismo, unindo as considerações anteriores a respeito de dinamicidade, interdisciplinaridade, multissetorialidade e complexidade da atividade turística.
c) Conhecimento, interdisciplinar, fenômeno e teoria. A primeira amadureceu a relação do turismo com diferentes disciplinas ou campos do conhecimento. A segunda avançou nas considerações a respeito das relações entre as diversas disciplinas que contemplam o turismo. A terceira trouxe a ideia do turismo como um fenômeno humano que acontece em todas as sociedades. A quarta considerou, finalmente, a atividade como uma ciência ou em vias de ser considerada uma, com corpos teórico e metodológico próprios.
d) Defensora, de advertência, de adaptação e baseada em conhecimento. A primeira se baseou nas ideias de pessoas e empresas relacionadas aos aspectos econômicos do turismo. A segunda trouxe observações causais de investigações e começou a questionar os benefícios e a importância econômica do turismo. A terceira trouxe considerações a respeito de como desenvolver o turismo de maneira adequada com planejamento. A quarta amadureceu a relação do turismo com diferentes disciplinas ou campos do conhecimento.

5. Para definir *turismo*, deve-se levar em conta sua abrangência em relação a quatro elementos fundamentais, que, segundo Goeldner, Ritchie e McIntosh (2002), são:
   a) Turista (aquele que busca experiências diversas e satisfações pessoais/profissionais); empresas (fornecedoras de bens e serviços do mercado turístico); governo (para o qual o setor de turismo é um fator gerador de renda); e comunidade (para a qual o turismo é um fator gerador de emprego e cultura);
   b) Comunidade (para a qual o turismo é um fator gerador de emprego e cultura); destino (espaço onde a atividade turística acontece); turista (aquele que busca experiências diversas e satisfações pessoais/profissionais); e atrações turísticas (lugares onde os turistas buscam diversão, descanso e objetos de contemplação).
   c) Governo (para o qual o setor de turismo é um fator gerador de renda); empresas (fornecedoras do mercado turístico); destino (espaço onde a atividade turística acontece); turista (aquele que busca experiências diversas e satisfações pessoais e profissionais); e atrações turísticas (lugares onde os turistas buscam diversão, descanso e objetos de contemplação).
   d) Destino (espaço onde a atividade turística acontece); atrações turísticas (lugares onde os turistas buscam diversão, descanso e objetos de contemplação); governo (para o qual o setor de turismo é um fator gerador de renda); e comunidade (para a qual o turismo é um fator gerador de emprego e cultura).

Questão para reflexão

Atualmente, no campo de estudos do turismo, existe um paradoxo entre a necessidade de definir conceitos e especificações gerais sobre os termos utilizados e o desenvolvimento da epistemologia, um problema mais conceitual-filosófico. A primeira abordagem incide sobre a forma de padronizar pesquisas e análises estatísticas da atividade, trazendo a necessidade de conjugação de métodos globalmente aceitos por importantes órgãos, como a OMT, a fim de viabilizar essa padronização. Já em relação à segunda abordagem, pode-se afirmar que ela somente será possível por meio de uma compreensão holística, ou seja, um entendimento dos limites e das barreiras da sua concepção, especialmente se essas definições forem mais abstratas e não padronizadas. Considerando essas duas abordagens, reflita sobre a importância de cada uma, a fim de compreender os principais pontos que contribuem para o avanço dos estudos do turismo.

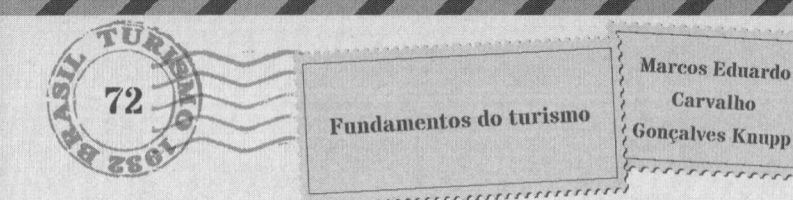

Para saber mais

BRASIL. Ministério do Turismo. **Dados e fatos**. Disponível em: <http://www.dadosefatos.turismo.gov.br/dadosefatos/home.html>. Acesso em: 22 abr. 2015.

Para saber mais sobre os temas abordados neste capítulo, recomendamos a página virtual *Dados e fatos*, do Ministério do Turismo, que traz dados relacionados à atividade turística do Brasil. Esses dados são revisados anualmente, permitindo uma análise estatística por meio de uma linha de tempo, trazendo as possíveis modificações do turismo ao longo dos anos.

UNWTO – United Nations World Tourism Organization. Disponível em: <http://www2.unwto.org/>. Acesso em: 22 abr. 2015.

Para saber mais sobre os temas abordados neste capítulo, recomendamos o sítio da OMT, considerada a principal instituição do turismo no mundo. Nesse *site* podem ser encontrados calendários de eventos, cursos específicos, relatórios estatísticos, livros, artigos, além de informações mais detalhadas da constituição da OMT, dos seus programas e projetos desenvolvidos, entre outras informações pertinentes.

PANOSSO NETTO, A. P. **Filosofia do turismo**: teoria e epistemologia. São Paulo: Aleph, 2005.

PANOSSO NETTO, A.; CASTILHO NECHAR, M. Epistemologia do turismo: escolas teóricas e proposta crítica. **Revista Brasileira de Pesquisa em Turismo**. São Paulo, v. 8, n. 1, p. 120-144, jan./mar. 2014.

Para saber mais sobre os temas abordados neste capítulo, recomendamos o livro *Filosofia do turismo*, de autoria do Professor Dr. Alexandre Panosso Netto, e o artigo intitulado "Epistemologia do turismo: escolas teóricas e proposta crítica", publicado na *Revista Brasileira de Pesquisa em Turismo*, também de autoria de Panosso Netto, em conjunto com o Professor Marcelino Castilho Nechar, no qual discutem sobre as questões da epistemologia do turismo. Considerado o maior especialista da área da epistemologia do turismo no Brasil, Panosso Netto traz informações que agregam e proporcionam maior aprofundamento dos temas abordados neste capítulo.

3

Organização e estruturação: elementos do turismo

Conteúdos do capítulo

» Rede de atividades do turismo.
» O mercado turístico.
» Organizações de turismo.
» Setores turísticos.

Após o estudo deste capítulo, você será capaz de:

1. sistematizar o turismo por meio de sua estruturação e da dinâmica de seu mercado;
2. apontar as principais organizações do turismo em vários níveis e abrangências;
3. compreender a rede do turismo, entendendo os setores e a importância de cada um deles no estabelecimento de fluxo adequado das atividades do setor.

3

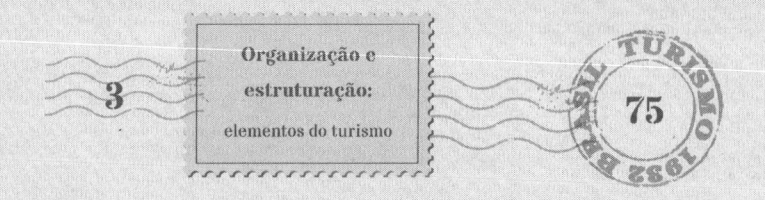

Organização e estruturação: elementos do turismo

Este capítulo objetiva auxiliar você, leitor, a sistematizar o turismo, por meio da organização e da estruturação da atividade e de seus elementos. Para tanto, inicialmente trataremos da dinâmica do mercado turístico. Em seguida, descreveremos as principais organizações internacionais do ramo (públicas e privadas, bem como as nacionais, estaduais e municipais). Finalmente, adentraremos nos principais setores, elencando os elementos que compõem a atividade.

3.1 Rede de atividades do turismo

Como vimos no segundo capítulo desta obra, as atividades envolvidas no setor turístico incluem componentes de demanda e oferta de bens e serviços. Quanto à demanda, devemos considerar as atividades derivadas dos visitantes[1] e o impacto delas sobre a aquisição de bens e serviços, que vão desde o consumo no destino emissor, no momento da decisão sobre a viagem, até o destino final, onde se consolida a experiência de viagem. Em relação à oferta, o turismo inclui um conjunto de atividades produtivas que atendem aos visitantes e aos produtos principais consumidos por eles.

A oferta abrange todo o processo de ocorrência da atividade; logo, todo aquele que proporciona, opera e executa a oferta está envolvido nesse processo. Beni (2001, p. 99) aponta que a superestrutura do sistema turístico "refere-se à complexa organização tanto pública quanto

---

[1] Como vimos anteriormente, visitante é uma pessoa que viaja para um destino que não seja o seu ambiente habitual, por um período inferior a um ano, com qualquer finalidade (lazer, negócios ou outros motivos pessoais). Essas viagens feitas pelos visitantes são consideradas *viagens turísticas*; o turismo, portanto, refere-se à atividade dos visitantes (OMT, 2015).

privada que permite harmonizar a produção e a venda de diferentes serviços". Essa afirmativa nos serve para que venhamos a perceber a inter-relação e a interdependência de todos estes componentes, tanto públicos quanto estabelecimentos privados, que denominamos, assim como outros autores (Chon, 2003; Scott; Cooper; Baggio, 2008; Novelli; Schmitz; Spencer, 2006; Knupp; Naves, 2012) de *rede turística* ou *redes do turismo*. Portanto, a compreensão da cadeia de turismo passa pela ideia de redes, para as quais a oferta é um dos seus componentes mais importantes.

O conjunto de atividades que compõem a oferta do setor é denominado de trade *turístico* e abrange os serviços de:

» transporte e hospitalidade[2] (hospedagem, alimentação e eventos);
» distribuição (agências de viagens, operadoras turísticas e internet);
» entretenimento (atrativos e recreação).

Nesse sentido, é possível afirmar que o turismo é composto por redes interorganizacionais que fazem parte dos destinos, cujos elementos são vistos como grupos livremente articulados de fornecedores independentes, unidos para entregar um produto global. O setor turístico é altamente interdependente e o sucesso de uma organização está intimamente ligado ao de outra.

---

2 A **hospitalidade** pode ser definida como prática cotidiana de acolhimento. O ato de hospedar se resume em dar abrigo e alimentação a pessoas que estão fora do seu local de residência, constituindo, portanto, a relação entre anfitrião e hóspede.

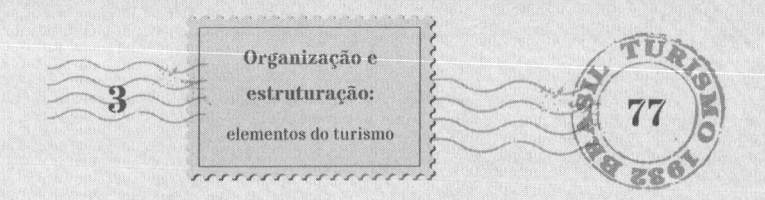

3 Organização e estruturação: elementos do turismo

Figura 3.1 – Rede de atores do turismo

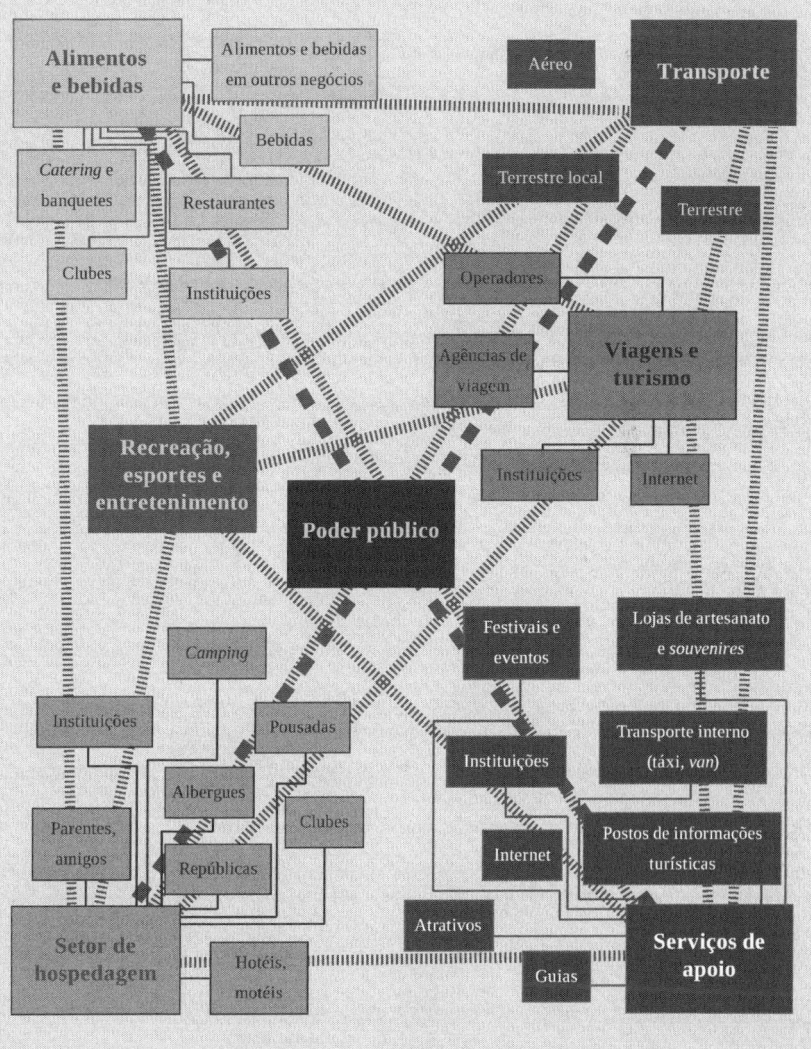

- Alimentos e bebidas
  - Alimentos e bebidas em outros negócios
  - Bebidas
  - Catering e banquetes
  - Restaurantes
  - Clubes
  - Instituições

- Transporte
  - Aéreo
  - Terrestre local
  - Terrestre

- Viagens e turismo
  - Operadores
  - Agências de viagem
  - Instituições
  - Internet

- Recreação, esportes e entretenimento

- Poder público

- Setor de hospedagem
  - Camping
  - Pousadas
  - Albergues
  - Clubes
  - Repúblicas
  - Instituições
  - Parentes, amigos
  - Hotéis, motéis

- Serviços de apoio
  - Festivais e eventos
  - Lojas de artesanato e *souvenires*
  - Transporte interno (táxi, *van*)
  - Instituições
  - Postos de informações turísticas
  - Internet
  - Atrativos
  - Guias

Fonte: Adaptado de Panosso Netto; Silva; Trigo, 2009.

Os elementos que compõem a oferta turística são considerados atividades características. Sendo assim, devemos ponderar que a análise das circunscrições do impacto econômico padrão decorre, em um primeiro momento, do dinheiro gasto para o turismo pelas empresas e agências do governo, nas quais os turistas depois gastam seu dinheiro. Assim, devemos considerar:

» outras empresas que fornecem bens e serviços para as empresas turísticas;
» famílias cuja geração de renda se dá por meio do trabalho em turismo ou de indústrias de apoio;
» o governo, por meio de vários impostos e taxas sobre os turistas, as empresas e as famílias (Stynes, 1999).

Ao considerarmos esses elementos, concluímos que o turismo gera uma variedade de impactos econômicos, pois os visitantes contribuem com questões relativas a vendas, lucros, empregos, receitas fiscais e renda. Constatamos, portanto, que o turismo impacta direta e indiretamente diversas atividades, o que nos leva a avaliar a importância de seus **efeitos multiplicadores**. Desse modo, somos conduzidos a analisar a diversidade de esferas que o turismo pode afetar. Por isso, segundo Stynes (1999), esses efeitos são frequentemente mencionados para capturar as consequências do turismo e mostrar a ampla gama de setores que podem ser beneficiados.

Atualmente, a conta satélite do turismo considera os fatores decorrentes dos efeitos multiplicadores, conjecturando abordagens condizentes aos resultados do turismo na economia. Por meio de seu levantamento de dados, esse instrumento pode ser utilizado para desenvolver indicadores de desempenho, tais como medidas de produtividade, preços e rentabilidade para a indústria do turismo como um todo. Esses dados podem ser usados para explorar o desempenho em setores individuais, discriminados, levando-nos a obter a dimensão da atividade turística. Pesquisadores utilizam esses dados para explorar o desempenho dos setores individuais de turismo ou de toda a indústria em relação ao desempenho de outros setores, nacional e internacionalmente (Pham; Dwyer; Spurr, 2010), fazendo comparações que, sem os dados, não seriam possíveis.

Chegamos, assim, ao funcionamento da economia do turismo, aos determinantes estratégicos dos níveis do produto e da renda, do emprego e dos preços, por meio das atividades primárias e secundárias[3] geradas pelo turismo na produção de recursos econômicos importantes para toda a sociedade. Essa inter-relação entre as viagens, o turismo e a sociedade contemporânea desnuda as atividades e os setores que são afetados pelo turismo, incidindo diretamente em questões sobre planejamento, estratégias, controle e desenvolvimento.

Sendo assim, para avançarmos no desenvolvimento do tema, podemos analisar as organizações do turismo em relação:

» aos aspectos geográficos (mundial/global, nacional, regional, local);
» à propriedade (pública/privada);
» à função ou ao tipo de atividade (comerciais, pesquisadoras, consultoras, associações);
» aos segmentos (agências, transporte, hotelaria, alimentação, eventos etc.);
» à motivação (com ou sem fins lucrativos).

Finalmente, com essa exposição sobre as atividades do turismo, podemos perceber vários elementos que compõem essa área. A análise dessas atividades pode ser percebida de diversas formas, seja por meio da

---

[3] As atividades primárias do turismo referem-se aos negócios e ao trabalho gerados pelo turismo. Já as secundárias estão relacionadas ao turismo e ao lazer propriamente ditos.

subdivisão entre oferta e demanda, seja pela visualização por meio de uma rede composta por essas atividades. Todos esses elementos dão contorno ao turismo, geram efeitos multiplicadores e envolvem, assim, vários atores e organizações do turismo.

3.2 A dinâmica do mercado de turismo

Como vimos anteriormente, o crescimento da atividade turística ocorreu principalmente depois da Revolução Industrial, fenômeno que impactou o modo de produção e de comercialização do setor. A evolução dos transportes teve uma importância significativa nesse contexto, uma vez que novas tecnologias surgiram, agregando às formas de locomoção mais agilidade – e, consequentemente, menos tempo de deslocamento –, além de mais acesso da população a esses meios de modo geral, atingindo outras classes da sociedade. Atualmente é a tecnologia da informação (TI) que traz transformações significativas para o mercado turístico.

Alguns estudiosos das áreas de sociologia, ciência política, administração, entre outras (Castells; Cardoso, 2005; Drucker, 2005; Buhalis; Soo, 2011), consideram que a sociedade atual é a Era da Informação. Nos últimos 50 anos, a revolução centrou-se na tecnologia, com avanços significativos em áreas como armazenamento de informações, poder de processamento de *chips*, novas peças, avanços na transmissão de dados e *softwares*. Verificamos igualmente mudanças na forma de relação entre as pessoas, as pessoas e o mercado e os mercados e o poder público (Drucker, 2005). A Era da Informação trouxe transformações significativas para a sociedade; alguns autores chegam a defender a ideia de que as sociedades já se compõem em rede[4] ou se encaminham para essa conformação.

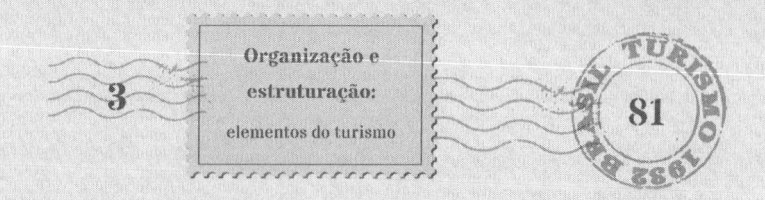

Essa nova forma de organização social, que se difunde para os vários campos da sociedade por meio da comunicação digital, está sendo proporcionada pelos benefícios do novo sistema tecnológico, pautado em microeletrônica, computadores e comunicação digital. Nesse contexto, as redes são a coluna vertebral da nova sociedade.

> Podemos comparar a transformação da sociedade contemporânea com a ocorrida na época da Revolução Industrial, que teve como principais inovações a eletricidade e os motores elétrico e à combustão. Essa transformação se solidifica com as novas tecnologias da informação e da comunicação, de acordo com Castells e Cardoso (2005).

A revolução tecnológica compreende todo o conjunto de ferramentas que facilitam a administração operacional e estratégica de organizações, de modo a aumentar o controle sobre as informações, uma vez que as funções e os processos que aliam capacidade de equipamentos e *softwares* e capacidade intelectual promovem maior controle e eficiência nos processos de comunicação e administração (Buhalis; Soo, 2011).

O surgimento dessas novas tecnologias remonta à década de 1960; porém, foi somente depois de 1990 que alguns países começaram a investir mais fortemente na produção de equipamentos de TI e de *softwares*. De 1989 a 2001, verificou-se que a contribuição do fator *capital*[5] em equi-

---

4   "A Sociedade em Rede é a nossa sociedade, a sociedade constituída por indivíduos, empresas e Estado operando num campo local, nacional e internacional" (Castells; Cardoso, 2005, p. 9).

5   "Atribuímos um nível de crescimento às contribuições dos fatores capital e trabalho e usamos o crescimento da produtividade da economia mundial, das 7 regiões e das 116 economias. Medimos a contribuição do investimento em TI para o crescimento econômico por meio da taxa de crescimento do fator capital de TI como proporção deste fator no valor do produto" (Jorgenson; Vu, 2005, p. 639).

pamentos de TI e softwares mais que duplicou, indo de 0,26% para 0,56% no que concerne aos níveis de produtividade econômica mundial, ou de 23% para 36% da contribuição do fator de capital (Jorgenson; Vu, 2005). Por serem líderes de investimento em TI, os Estados Unidos se destacam: embora esse tipo de investimento possa ser considerado uma tendência global, percebemos que os resultados da potência norte-americana se refletem no restante do mundo.

Foi no ano de 1965 que houve a primeira relação entre a TI e o turismo. A International Business Machines (IBM), empresa voltada à área da informática, juntamente com a American Airlines, desenvolveram o primeiro sistema automatizado de reserva do mundo, denominado *Sabre* (*Semi-Automatic Business Research Environment*), que revolucionou todo o mercado de aviação. Com esse recurso, tornou-se possível controlar demandas aéreas, registros e disponibilidade de assento e de voos. Antes da implementação dessa ferramenta, o controle era feito via telefone e por meio de mapas de papel, gerando uma grande demanda de trabalho, além de inúmeras limitações (Biz, 2009).

Inicialmente dentro das empresas aéreas, o Sabre possibilitou o desenvolvimento da tecnologia no setor turístico, sendo até hoje base para a reserva de voos (Biz; Lohmann, 2005). Em virtude da grande demanda, outros sistemas centrais de reservas (*Central Reservation System* – CRS) foram criados, como é o caso de Galileu, desenvolvido na década de 1980 pela British Airways em acordo com a KLM e a Swissair. Ele foi incorporado no sistema Apollo, criado pela United Airlines em 1975. Anos depois, em 1987, uma parceria entre a Lufthansa, a Air France, a Iberia e a SAS resultou na criação do sistema Amadeus (Biz; Lohmann, 2005).

Com a grande utilização desses sistemas e a facilidade que eles proporcionaram às operações do setor de aviação, outros elementos começaram a ser integrados ao gerenciamento de produtos, cargas, estoques e cronogramas de operações. A partir da década de 1980, surgiu a necessidade de modernizar esses recursos a fim de proporcionar uma integração com outros sistemas de reservas, abrangendo não apenas o setor de aviação, mas também os sistemas de reservas de outros setores do turismo (hotéis, locadora de veículos, cruzeiros, teatros e eventos esportivos). Essa mudança resultou no surgimento do *Global Distribution System* (GDS), ou sistema global de distribuição.

Tais sistemas conectam várias partes do mercado turístico, permitindo a elaboração de um roteiro por meio de um único canal de comunicação. Com o surgimento da internet, esses modelos de sistemas se adaptaram e surgiram várias versões que também fazem interface com ela (Biz; Lohmann, 2005). Sendo assim, o turismo fez nascer uma necessidade global que seria precursora na transmissão de dados via rede para a comercialização de produtos e serviços.

Atualmente, a TI é essencial para o *trade* turístico, que se utiliza dos mecanismos da área para vender produtos e serviços e identificar tendências, sendo também fundamental para a gestão e o planejamento de empresas. No setor de meios de hospedagem, por exemplo, essa tecnologia também evoluiu ao longo dos anos. Os sistemas de reservas via internet são amplamente utilizados nesse âmbito: várias redes e grandes corporações hoteleiras desenvolveram seus sistemas de reservas independentes, e empresas específicas lançaram *softwares*, integrados ao GDS, para pequenos e médios estabelecimentos. Essas ferramentas permitem um controle do administrador, que se torna capaz de gerir seus estabelecimentos oferecendo dados estatísticos que possibilitam a previsão de demanda, além de facilitarem canais de distribuição entre as agências e operadoras de turismo e os consumidores que desejam realizar suas compras e decidir sobre seus destinos.

Assim, percebemos que a TI impacta a economia do turismo e, consequentemente, o mercado desse setor como um todo, ditando uma nova forma de comercialização de produtos e serviços e incidindo também em aspectos qualitativos e classificatórios da oferta de serviços. Essa constatação sugere que as empresas estão atentas aos novos mecanismos utilizados pelos consumidores a fim de promover a comercialização de seus produtos e serviços em um mercado segmentado e competitivo.

3.3 Organizações turísticas internacionais

Para que você compreenda a forma como o turismo se organiza pelo mundo, é preciso que saiba quem são as principais organizações que ditam as regras desse meio, entre as quais se destaca a Organização Mundial de Turismo (OMT).

3.3.1 Organização Mundial de Turismo

Historicamente, o ator central que auxilia na formulação das políticas de turismo para os governos é a OMT, instituição fundamental no contexto da atividade em termos globais. É a organização mais reconhecida do setor. Sua primeira Assembleia Geral foi realizada em 1975, na cidade de Madri. No ano de 1976, a instituição tornou-se uma agência executiva do Programa das Nações Unidas para o Desenvolvimento (Pnud).

Com sede em Madri, é o organismo encarregado pela Organização das Nações Unidas (ONU) de promover e desenvolver o turismo. Além

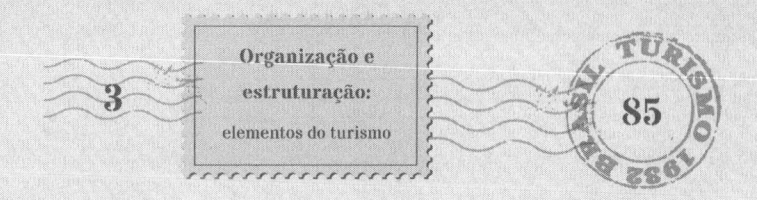

3 Organização e estruturação: elementos do turismo

disso, tem caráter intergovernamental e é financiada pela contribuição de seus membros[6], cuja cota anual é calculada de acordo com o nível de seu desenvolvimento econômico.

A OMT transfere conhecimento para todos os membros, países e nações e tem importância especial para os países em desenvolvimento que estão iniciando sua atividade turística. Em razão de sua vasta experiência em turismo sustentável, por meio de estudos específicos, orienta os países para desenvolverem políticas de sustentabilidade. Realiza também pesquisas estatísticas e de mercado, além de contribuir para o desenvolvimento de recursos humanos, em colaboração com centros de educação e treinamento no mundo todo por meio de seminários, cursos de educação a distância e cursos práticos.

A OMT trabalha para melhorar a qualidade do turismo incitando a liberação do comércio, o acesso aos viajantes deficientes, a segurança e a proteção, bem como a tecnologia aplicada, a fim de aprimorar a comunicação entre os atores envolvidos no setor. A organização atua como uma câmara de informação turística internacional; cada região do mundo recebe atenção especial de um representante da instituição, que analisa problemas e ajuda a buscar soluções com os governos. Também promove conferências internacionais para troca de experiências entre países e regiões.

Além disso, a autarquia se envolve diretamente com projetos de promoção regional, desenvolvidos em conjunto com a Organização das Nações Unidas para a Educação, a Ciência e a Cultura (Unesco) – como o projeto

---

[6] Por meio do seu programa de cooperação técnica e de serviços, a OMT realiza projetos de desenvolvimento em mais de 100 países, ao passo que os programas regionais para a África, as Américas, a Ásia-Pacífico, a Europa e o Oriente Médio servem como um elo entre a Organização Mundial do Comércio (OMC) e seus 155 Estados-membros. Os integrantes do programa de afiliados, por fim, representam mais de 400 participantes do setor privado da OMT (OMT, 2011).

A Rota da Seda, que busca revitalizar as antigas estradas utilizadas por Marco Polo[7] e pelas caravanas de mercadores, envolvendo 16 países da Europa, Ásia e África, e o projeto A Rota do Escravo, que tem por meta estimular o turismo cultural nas nações da África Ocidental por meio da restauração de monumentos e museus, motivando os visitantes a conhecerem os locais de onde saíram escravos durante o período de colonização, entre os séculos XIV e XVI.

Portanto, a OMT é uma valiosa fonte de conhecimento, com seus estudos e divulgação de estatísticas, como o *ranking* do fluxo de turistas internacionais, dividido por países e continentes, bem como a análise do impacto econômico global e em cada país. Esse conhecimento norteia as políticas de turismo, em razão das condições favoráveis que essa atividade apresenta para o desenvolvimento das regiões.

Assim como a OMT tem grande influência no contexto das políticas de turismo, a União Europeia (UE) também pode ser destacada nesse sentido, tendo em conta a importância da Europa desde os primórdios da atividade turística. Foi em virtude da grande quantidade de viagens em direção ao continente europeu que surgiu o modelo denominado *turismo de massa*, que veio a se espalhar pelo mundo (Medaglia; Silveira, 2010).

3.3.2 World Tourism Travel and Council

Formada por uma coalizão global dos 100 mais importantes executivos de todos os setores que compõem a atividade turística e dirigida por um comitê executivo de 15 membros, a World Tourism Travel and Council (WTTC) foi estabelecida em 1990. Seus objetivos são:

---

7 Personagem histórico, mercador e comerciante, que percorreu e relatou suas viagens ao longo do Oriente e da Ásia durante a Rota da Seda (Goeldner; Ritchie; McIntosh, 2002).

- » trabalhar com os governos para que o turismo seja uma prioridade em termos de desenvolvimento econômico e empregatício;
- » avançar em busca de mercados abertos e competitivos;
- » buscar desenvolvimento sustentável;
- » eliminar barreiras ao crescimento, explorando todo o potencial do turismo e sua capacidade de geração de empregos.

A WTTC tem grande relevância na divulgação da importância da atividade econômica do setor turístico. Uma de suas publicações mais importantes é o relatório intitulado *Travel and Tourism in the World Economy*, que atua como veículo básico para transmitir a mensagem de que o turismo é o maior setor do mundo.

3.3.3 Associação Internacional de Transportes Aéreos

A Associação Internacional de Transportes Aéreos (Iata – International Air Transport Association), organização mundial das companhias aéreas, tem como objetivo proporcionar o deslocamento de pessoas e mercadorias de forma segura para os vários pontos do mundo por meio do planejamento e da combinação de rotas.

Com sede em Montreal e escritório executivo em Genebra, na Suíça, a Iata – importante fonte de informações sobre a aviação mundial – organiza a padronização de passagens, as listas de passageiros e os comprovantes de bagagens que circulam por todo o mundo em aeroportos. Além disso, trabalha para fornecer um conjunto de regras a fim de coordenar e unificar procedimentos. Serve, portanto, como apoio ao setor turístico, além de envolver-se em muitas questões, como meio ambiente, segurança e satisfação do consumidor.

A publicação anual da associação, denominada *World Air Transport Statistics* (Wats), faz previsões relacionadas ao transporte de passageiros, ajudando a desenvolver planos estratégicos e táticos de *marketing*. Por fim, destacamos a missão da Iata, que consiste em representar e servir à aviação aérea internacional. Para tanto, a instituição trabalha, especificamente, com quatro grupos de interesse: as companhias aéreas, o público consumidor, os governos e os terceiros (fornecedores, agentes de viagens, agentes de cargas etc.).

3.3.4 International Association of Convention & Visitors Bureaus

As Conventions & Visitors Bureaus (CVB) são organizações que promovem o turismo e incitam a captação de recursos e a receptividade do público para convenções, visitação de eventos e atrações diversas. Trabalham, portanto, em três perspectivas ou linhas de atuação:

1. *Convention* – Atração de turistas de negócios e eventos, além de sensibilização de clientes principais.
2. *Visitors* – Atração de turistas de lazer, entretenimento e sensibilização de seus principais clientes (operadoras de turismo).
3. *Bureau* – Aspectos administrativo-financeiros, recursos humanos, planos de *marketing*, relacionamentos com os associados e clientes (Roger; Martin, 2011).

A International Association of Convention & Visitors Bureaux (IACVB), por sua vez, é a entidade que congrega as federações das CVB. Fundada em 1914, a instituição desenvolve práticas profissionais na promoção do turismo de eventos e nos serviços em eventos e convenções e promover o diálogo profissional e a troca de dados sobre organizações promotoras de convenções. A IACVB se constitui como um dos maiores bancos de dados com registros históricos sobre eventos e convenções mundiais.

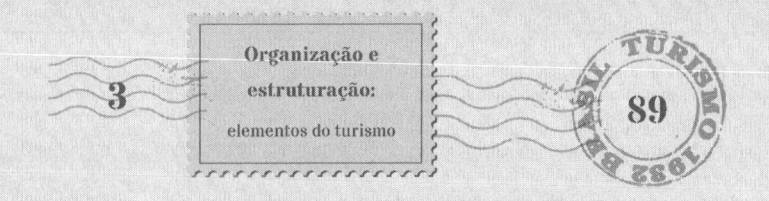

3.3.5 Organização para Cooperação e Desenvolvimento Econômico

Instalada em 1961, a Organização para Cooperação e Desenvolvimento Econômico (OCDE) visa promover políticas públicas que:

» proporcionem crescimento sustentável e empregatício;
» contribuam para a expansão econômica dos países;
» contribuam para a expansão do comércio mundial.

Uma das iniciativas mais importantes da OCDE foi uma ação conjunta com a OMT e outras organizações para discutir uma definição de turismo que proporcionasse a obtenção de estatísticas sobre a área, evento que resultou na criação da conta satélite do turismo, mencionada no segundo capítulo desta obra.

3.3.6 Zonas de livre comércio: União Europeia e Mercosul

Como evidenciamos anteriormente, a atuação da UE tem sido marcante para o crescimento do turismo no mundo[8]. Nesse bloco, a atividade turís-

---

8   O Direito do Turismo Europeu, instrumento legal que fornece suporte e soluções para conflitos, além de auxiliar o desenvolvimento harmonioso em todos os países membros, foi um marco para a atividade. Assim, a década de 1990 é importante para o turismo na Europa. Além da criação da UE e do Direito do Turismo Europeu, somaram-se diversos fatos que buscaram sintonizar o turismo e o meio ambiente por meio de planos de ação comunitários.

tica está diretamente ligado a objetivos econômicos, sociais, políticos ou culturais, coloca-se como fator de progresso socioeconômico e promotor da criação de uma identidade europeia.

Dentro da UE, existe o Comitê do Turismo, que coloca em discussão trabalhos feitos por Estados-membros sobre as medidas tomadas ou que serão praticadas, ficando a cargo do Serviço da Direção Geral XXIII (DG 23) a seleção das melhores pesquisas no campo do turismo. Esse órgão também analisa a viabilidade das medidas para o Comitê do Turismo.

A UE tem adotado diversas disposições visando assegurar o desenvolvimento do setor. Algumas medidas buscam facilitar a circulação de turistas, bem como protegê-los e informá-los – respeitando a liberdade de movimentos disposta no Tratado de Roma –, além de assegurar a liberdade de estabelecimentos e a livre prestação de serviços (em conformidade com a Corte de Justiça que garante a isenção fiscal) e favorecer um desenvolvimento harmonioso. As principais intervenções do plano estruturador do turismo na UE se dão nas regiões que demonstram atraso no desenvolvimento turístico e apresentam declínio industrial ou zonas rurais em dificuldades.

Percebemos, assim, a importância do turismo para a consolidação da comunidade europeia, uma vez que esse setor serve como um "termômetro" que mede as relações entre os Estados, tem efeito estabilizador sobre as balanças comerciais de um país e representa fator de desenvolvimento das regiões mais pobres da comunidade. Por fim, a política do turismo da UE, por meio de um programa plurianual específico, busca identificar e conhecer os interesses da área para tomar decisões políticas.

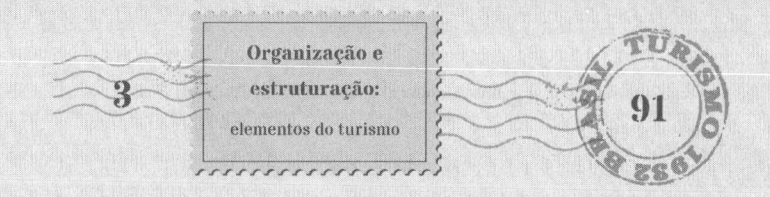

> **3** Organização e estruturação: elementos do turismo

Em contraponto à importância que se dá ao turismo na Europa pelas iniciativas da UE, destacamos o turismo na América Latina, especialmente por meio do Mercado Comum do Sul (Mercosul). Meléndez (2000) aponta a existência de um paradoxo na América Latina, onde existe uma série de problemas socioeconômicos que provocam restrições à atividade turística, ao mesmo tempo em que há um número considerável de profissionais formados, além de recursos naturais e culturais. Sendo assim, a atividade turística se mostra como uma alternativa válida para impulsionar o desenvolvimento, ainda que a pobreza seja um problema estrutural nos países latino-americanos.

No entanto, podemos destacar algumas modificações na sociedade latino-americana que influenciam diretamente o desenvolvimento do turismo:

» mudanças socioeconômicas influenciadas pelo aumento da população idosa e da independência das mulheres;
» maior acesso às TIs que influem no aspecto cultural dos povos;
» aumento da renda familiar;
» integração geoeconômica, que implica mudanças econômicas e políticas relevantes.

No início do século XXI, foram realizadas reuniões entre representantes da Venezuela, do Brasil e da Colômbia para incentivar o turismo fronteiriço entre esses países. Mesmo assim, os efeitos dessa empreitada ainda não foram visíveis, se considerarmos o número de chegadas de turistas internacionais[9] aos países latino-americanos e ao continente americano de forma geral em 2011 e 2012 (Gráfico 3.1).

---

9   Enquanto o crescimento do número de chegadas de turistas à América Latina foi de 5%, na Ásia e no Pacífico foi de 8,2% (OMT, 2013).

Gráfico 3.1 – Chegadas de turistas internacionais (2011-2012)

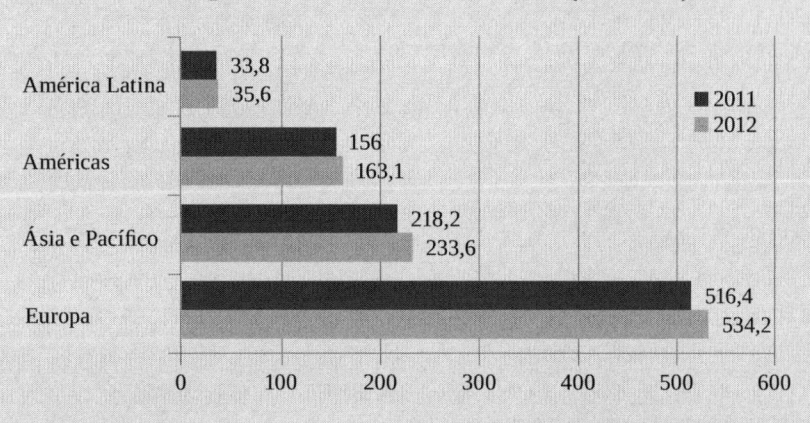

Região	2011	2012
América Latina	33,8	35,6
Américas	156	163,1
Ásia e Pacífico	218,2	233,6
Europa	516,4	534,2

Fonte: Adaptado de OMT, 2013.

Diante desse quadro, o Mercosul é uma instituição com potencial para melhorar as relações de maneira favorável ao desenvolvimento dos países latino-americanos. Para que se desenvolvam nos sentidos socioeconômico e político, devemos ressaltar as relações de vizinhança entre essas nações. Nesse sentido, os acordos bilaterais, sub-regionais ou inter-regionais podem auxiliar na construção de uma infraestrutura de apoio conjunta e de *marketing* integrado para desenvolver o turismo. Concordamos com Meléndez (2000, p. 78) quando a autora afirma que

> As estratégias competitivas que têm sido apresentadas internacionalmente pelos países interessados no desenvolvimento da atividade turística dirigem-se para:
> 1. Considerar o ambiente como fundamental para a experiência do turista;
> 2. Fazer do turismo um setor líder dentro da economia;
> 3. Intensificar os canais de distribuição no mercado;
> 4. Incentivar a associação entre setores público e privado.

Sendo assim, o papel do turismo na integração territorial dos países do Mercosul é igualmente relevante na difusão de padrões, normas e parâmetros em setores importantes da atividade, como os meios de hospedagem, e sua classificação, pois as organizações governamentais (nacional, regional e local), as organizações internacionais (OMT, Banco Mundial) e a iniciativa privada querem ampliar a participação do Mercosul no mercado mundial de turismo.

3.4 Organizações turísticas nacionais

Trataremos agora das principais organizações nacionais que articulam o turismo no Brasil.

3.4.1 Instituto Brasileiro de Turismo

O Instituto Brasileiro de Turismo (Embratur) foi criado em 1966, com o nome de *Empresa Brasileira de Turismo*, por decreto do governo federal, sendo, portanto, um órgão governamental. Seu objetivo inicial era fomentar a atividade turística e viabilizar condições para a geração de emprego, renda e desenvolvimento em todo o país. Em 2003, com a criação do Ministério do Turismo, a atuação da Embratur passou a se concentrar na promoção e no *marketing* da atividade e no apoio à comercialização de produtos, serviços e destinos turísticos brasileiros no exterior. Uma das principais ações dessa autarquia é o Plano Aquarela, que está em sua segunda versão (Plano Aquarela 2010-2020).

3.4.2 Ministério do Turismo

O objetivo principal do Ministério do Turismo é desenvolver o setor turístico como uma atividade econômica sustentável, com geração de empregos e divisas e inclusão social.

Utilizando-se de um modelo de gestão descentralizado, o organograma desse ministério está dividido em: Secretaria Nacional de Políticas do Turismo, que visa executar a política nacional para o setor, orientada pelas diretrizes do Conselho Nacional do Turismo; Secretaria Nacional de Programas de Desenvolvimento do Turismo, que visa subsidiar a formulação dos planos, programas e ações do turismo nacional e promover o desenvolvimento da infraestrutura e dos serviços prestados.

3.4.3 Confederação Brasileira de Convention & Visitors Bureaux

A Confederação Brasileira de Convention & Visitors Bureaux (CBC&VB) visa promover e representar suas associadas em todo e qualquer pleito de interesse. Seu papel básico é gerar/captar eventos no/do mundo para o Brasil, desenvolvendo e implantando um plano de comunicação entre os associados e o *trade*, além de criar unidades de negócios para o desenvolvimento de produtos e serviços. Por fim, a instituição busca consolidar a representatividade profissional e institucional dos CVB.

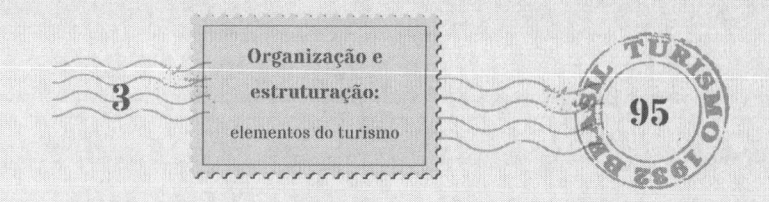

3.4.4 Associação Brasileira da Indústria de Hotéis

Fundada em 1936, a Associação Brasileira da Indústria de Hotéis (Abih) é a mais antiga entidade do *trade* turístico nacional. Trata-se de um órgão técnico e consultivo, cuja finalidade é estudar e solucionar os problemas do setor. Seu objetivo principal é amparar e defender os legítimos interesses dos meios de hospedagem. Para isso, visa colaborar com os poderes públicos, como os órgãos técnico, consultivo e deliberativo, por meio da solução dos problemas da classe congregada, amparando e defendendo seus associados quando solicitada.

3.4.5 Associação Brasileira de Agência de Viagens

A Associação Brasileira de Agências de Viagens (Abav), fundada em 1953, interage com o poder público nos estudos e na busca de soluções para os problemas do setor turístico. Seus objetivos são:

» representar os interesses das agências de viagens;
» promover o bem-estar social e o congraçamento da classe *agente de viagem*;
» defender os legítimos interesses da indústria do turismo;
» fomentar o desenvolvimento do turismo nacional;
» promover a divulgação das matérias de interesse da entidade;
» promover congressos, exposições de turismo e conferências.

Todas essas atividades desenvolvidas pela Abav são essenciais para o desenvolvimento desse setor, que é parte essencial da atividade turística.

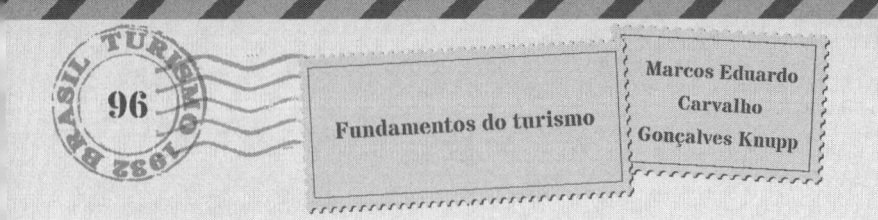

3.4.6 Federação Nacional de Turismo

Fundada em 8 de março de 1990, fruto da reunião de 10 sindicatos de empresas de turismo de diversos estados do Brasil, a Federação Nacional de Turismo (Fenactur) conta hoje com 24 sindicatos, que representam aproximadamente 10.000 agências de viagens. Trata-se de uma entidade sindical de segundo grau, constituída nos termos do art. 571 da Consolidação das Leis do Trabalho (Brasil, 1943).

Segundo seu estatuto:

> Artigo 2º – São prerrogativas e objetivos da federação:
> I – Representar, perante as autoridades constituídas, os interesses dos Sindicatos filiados e das não organizadas em Sindicatos;
> II – Integrar o Sistema Confederativo da Representação sindical da CNTur – Confederação Nacional de Turismo;
> III – Eleger ou designar representantes da classe que coordena, junto aos Órgãos Municipais, Estaduais e Federais com Jurisdição no Território Nacional;
> IV – Arrecadar a Contribuição para o custeio da CNTur – Confederação Nacional de Turismo (Contribuição Confederativa – art. 8º, inciso IV, da Constituição Federal/88), e a Contribuição Sindical dos Sindicatos filiados e das empresas integrantes de categorias inorganizadas em Sindicatos;
> V – Colaborar com o Estado, com órgão técnico e consultivo no estudo e solução dos problemas que se relacionam com a categoria que coordena;
> VI – Conciliar divergências e conflitos que envolvam os Sindicatos associados;
> VII – Defender o direito da livre iniciativa, o direito de propriedade e o Estado Democrático de direito;
> VIII – Promover eventos e programação que visam desenvolver e aperfeiçoar a categoria que coordena;
> IX – Participar da integração das categorias representadas, no comércio exterior;

X – Criar serviço de consultoria técnica para os Sindicatos associados;

XI – Interceder junto as Autoridades competentes, no sentido do rápido andamento e da solução de tudo que diga respeito os interesses da classe;

XII – Manter, no caso de interesse, relação com Organizações Internacionais afins, podendo a elas se filiar, desde que autorizado pelo Conselho de Representantes. (Fenactur, 2008, grifo do original)

A Fenactur foi criada com a finalidade de atuar em defesa dos interesses de seus filiados perante os organismos oficiais e as empresas do setor, com as quais comercializa o turismo, além de lutar pela implantação, por parte do governo, de medidas a favor do turismo interno – o que tem feito, com algum sucesso, contando com o permanente apoio de seus filiados.

3.5 Organizações turísticas estaduais

Cada estado tem órgãos encarregados do desenvolvimento e crescimento ordenado do setor turístico, os quais desenvolvem programas, divulgações, propagandas e pesquisas, entre outras ações. Acima de tudo, cuidam da infraestrutura e da superestrutura do turismo nos estados.

No Brasil, os órgãos estaduais governamentais mais importantes são as Secretarias Estaduais de Turismo (constituídas basicamente pelo secretário, pelas superintendências e pelos departamentos). Por exemplo: no Estado de Minas Gerais, a Secretaria de Estado do Turismo (Setur) visa planejar, coordenar e fomentar as ações da área, buscando sua expansão, bem como a melhoria da qualidade de vida das comunidades, a geração de emprego e renda e a divulgação do potencial turístico do estado.

É de competência da Setur formular e coordenar a política estadual de turismo, bem como seus planos e programas para o setor.

Empresas estaduais podem colaborar para a divulgação de informações e atuar como agências de receptivo – por exemplo, a Bahiatursa, no Estado da Bahia. Além disso, podem existir os CVB estaduais, bem como a Abih e a Abav, que também dispõem de unidades estaduais que cuidam dos seus respectivos setores.

3.6 Organizações turísticas municipais

Assim como nos estados, os órgãos governamentais mais importantes do setor turístico nos municípios são as Secretarias Municipais de Turismo. Existe um órgão denominado *Conselho Municipal de Turismo* (Comtur), que visa orientar, planejar e promover a atividade turística no município. Esse organismo é composto por diversas instituições públicas e privadas ligadas à área, tais como associações de hotéis e pousadas, de guias, de restaurantes, de artesãos, associações comerciais, instituições de ensino e prefeituras, por meio das secretarias de turismo, meio ambiente, cultura, entre outras.

As empresas municipais também podem auxiliar na divulgação de informações, atuando como agências municipais de receptivo – é o caso da Belotur, no município de Belo Horizonte. Os CVB têm grande importância no âmbito municipal, agregando os interesses da administração, de associações comerciais e de prestadores de serviços individuais, como hotéis, restaurantes e empresas de transporte.

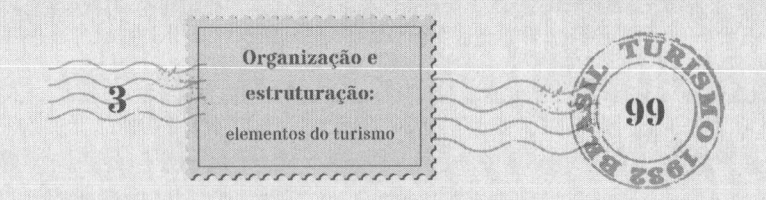

3.7 Principais setores do turismo: o *trade* turístico

Antes de tratarmos de cada setor em específico, é necessário diferenciarmos os conceitos de *infraestrutura* e *superestrutura* e apresentar suas principais abordagens. A **infraestrutura** se constitui de equipamentos que possibilitam o suprimento das necessidades básicas das pessoas. Ela não atende somente aos turistas; na verdade, existe principalmente para atender aos moradores locais, por meio dos seguintes aspectos:

» saneamento básico;
» luz elétrica;
» água encanada;
» ruas pavimentadas;
» coleta de lixo.

Os equipamentos da infraestrutura podem ser divididos em três partes:

1. utilidade pública (eletricidade, água, comunicações);
2. transporte (estradas, ferrovias, aeroportos, portos, heliportos, estacionamentos);
3. outros serviços (saúde, segurança, sinalização).

A **superestrutura**, por sua vez, constitui-se tanto de atores dos poderes públicos quanto da iniciativa privada que cuidam desse fator, que é onde o turismo realmente se movimenta. A superestrutura turística de uma destinação inclui instalações que foram desenvolvidas especialmente para responder às demandas dos visitantes (Goeldner; Ritchie; McIntosh, 2002). Em outras palavras, ela é composta pelas organizações e pelos elementos do turismo, como veremos na sequência.

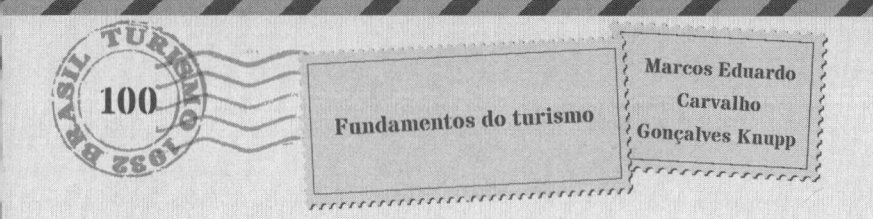

3.7.1 Canais de distribuição e intermediação

As **operadoras de turismo** e as **agências de viagens** são consideradas os canais de distribuição dos serviços. Elas montam e vendem pacotes turísticos, os quais geralmente incluem transporte, meios de hospedagem e atrativos, entre outros serviços. Esses canais beneficiam os produtores, os consumidores e a destinação, uma vez que os conectam, dando visibilidade aos primeiros, evitando que os segundos assumam os custos de procura e transação, economizando dinheiro e tempo e beneficiando o destino ao inclui-lo no mercado. Em suma, essas instituições fornecem conhecimentos especializados em relação ao destino e aos equipamentos de serviços turísticos.

As operadoras de turismo:

» montam roteiros e todos os seus componentes (transporte, alimentação, hospedagem, atrativos);
» podem oferecer pacotes de viagens mais baratos do que um viajante individual pode conseguir;
» compram em grandes quantidades e, portanto, têm maior poder de negociação (e mais descontos);
» oferece roteiros montados (planejamento, preparação, *marketing*) com determinadas datas de partida. Depois de montados, os roteiros são vendidos diretamente ao público ou por meio de agências de viagens.

As **agências de viagens**, por sua vez, atuam como um intermediário que fornece serviços de viagem, vendendo partes individuais do setor turístico ou uma combinação dessas partes. Para poder incorporar em sua prática novas formas de fazer negócio, devem estar em constante adaptação. Esse setor:

- organiza viagens com prestadores de serviços e recebe comissão;
- é um especialista que conhece horários, rotas, destinos, hospedagens, câmbios e regulamentações;
- oferece pacotes prontos e também monta planos individuais, o que poupa tempo e dinheiro para o cliente;
- é ainda o principal distribuidor dos produtos e serviços turísticos.

O futuro das agências de turismo é incerto. Especialistas têm previsto o desaparecimento desses locais, mas o mercado se mantém ativo. Nesse sentido, a internet é uma ameaça, mas também uma oportunidade para os agentes. Afinal, a **rede mundial de computadores**:

- possibilita a venda direta por *e-commerce*;
- oferece oportunidades para as agências de viagens e as operadoras turísticas, que podem, por exemplo, criar seu próprio *site* de vendas *on-line*;
- pode ser utilizada por praticamente todo mundo no setor turístico;
- é uma nova ferramenta promocional;
- acarreta economias de custos de transação;
- apresenta problemas, como falta de segurança dos *sites*, dificuldade no uso de forma inapropriada e informações incorretas e desatualizadas por falta de cuidado e manejo.

Temos também as **consolidators**, agências de turismo especializadas em vendas de passagens aéreas mais baratas cujo objetivo é preencher os lugares vazios das aeronaves. Algumas dessas instituições vendem para agências de viagens e operadoras turísticas, outras vendem direto ao consumidor (atacadistas e varejistas).

Por fim, temos as **agências especializadas**, que podem ser empresas de viagem de incentivo, que funcionam como recompensa aos funcionários e clientes, e departamentos de viagens de empresas. Elas têm potencial para operar como firmas representantes de vendas para hotéis e sua distribuição, em geral, é automatizada.

3.7.2 Transporte

O turismo está intimamente ligado ao setor de transportes, independentemente do tipo (rodoviário, ferroviário, aquaviário e aéreo). Todos são de suma importância para que a atividade turística aconteça, considerando que existem transportes *para* a destinação e transportes *na* destinação. Concordamos com Goeldner, Ritchie e McIntosh (2002) na afirmativa de que os transportes, de modo geral, revolucionaram as viagens, pois proporcionaram deslocamentos humanos de grandes distâncias a uma alta velocidade. O transporte aéreo é um exemplo disso, pois a noção de tempo de viagem foi altamente modificada com a evolução desse instrumento – especialmente quando se passou a atravessar continentes em questão de poucas horas, ainda que normalmente os terminais aéreos sejam mais afastados dos centros urbanos por necessitarem de pistas e espaços apropriados para decolagens e aterrissagens de grandes aeronaves.

Já o transporte ferroviário adequa segurança, rapidez, conectividade, pontualidade, regularidade e mobilidade no interior dos trens, além de conforto na prestação de serviços e rotas sem congestionamento. Além de tudo isso, normalmente seus terminais ficam nos centros urbanos, fato que, como afirma Goeldner, Ritchie e McIntosh (2002), alia eficiência e economia. É um setor que tem se desenvolvido nos últimos anos por meio de sistemas mais modernos, como os trens de alta velocidade (TAV), os chamados *trens-bala*.

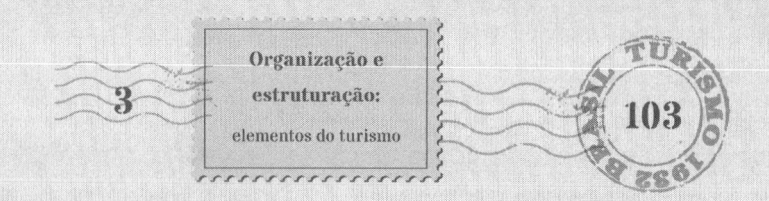

O **transporte rodoviário** é o meio mais popular de deslocamento no Brasil. Engloba a regularidade dos serviços de ônibus e a liberdade dos deslocamentos com automóveis particulares. Esse mercado específico dos transportes também inclui veículos recreacionais, veículos de aluguel e serviços de táxi.

Por fim, o **transporte aquaviário**, em específico o setor de cruzeiros, é um dos segmentos que mais crescem no turismo nos últimos anos (Goeldner; Ritchie; McIntosh, 2002) em virtude da ampliação da frota de navios por parte das empresas. É o único transporte que possibilita o deslocamento para ilhas pequenas e remotas que não têm aeroportos, além de fornecer serviços requintados e completos, sendo considerado também um meio de hospedagem, chamado de *hotel flutuante*, em vez de um simples transporte. Muitas vezes, é mais um produto de lazer do que um meio de locomoção.

Veja, em mais detalhes, as características de cada meio de transporte em particular indicadas no Quadro 3.1.

Quadro 3.1 – Características dos setores de meios de transporte

Setor	Características
Aéreo	» Transporta por volta de um bilhão de passageiros por ano. » Revolucionou as viagens, pois permite percorrer grandes distâncias em pouco tempo, dada sua alta velocidade. » Tem publicação própria, feita pela Iata, chamada *World Air Transportation Statistics*, com dezenas de edições.
Aéreo	» O tempo gasto para ir e voltar do aeroporto e os fatores climáticos tornam-se, algumas vezes, um empecilho às viagens aéreas. » A existência de horários ociosos entre alguns destinos pode ser um ponto negativo desse modal. » As novas alianças, a segurança e o crescimento da atividade são aspectos importantes do setor de transporte aéreo contemporâneo.

(continua)

(Quadro 3.1 – continuação)

Setor	Características
Ferroviário	» Segurança, mobilidade no interior dos trens, conforto, pontualidade, regularidade, rotas sem congestionamento e terminais nos centros urbanos são alguns aspectos positivos deste modal. » É uma alternativa para as pessoas que têm medo de voar, aliando eficiência, conforto e economia. » Existem sistemas muito modernos, em especial em países como França e Japão, que se destacam no sistema de transporte ferroviário de alta velocidade. » Poucos países investem nesse tipo de transporte (o Brasil, por exemplo, carece de investimentos), o que prejudica o desenvolvimento da atividade. » Dependendo da geografia da região, a implementação das estradas de ferro é muito cara; além disso, afora os trens de alta velocidade, as viagens costumam ser muito longas.
Rodoviário	» O transporte intermunicipal ou regional de passageiros, na maioria das vezes, é feito de automóvel. » A construção das malhas rodoviárias e das longas estradas estimulou as viagens de férias e as estradas asfaltadas tornaram as viagens mais rápidas e confortáveis. » Em alguns países, não existe manutenção regular nas estradas; as rodovias são precárias, implicando maior custo para as empresas, maior consumo, maiores riscos operacionais e maior frequência de manutenção do veículo. » Pouca confiança nas estradas pode fazer com que o viajante escolha outro destino.

3 Organização e estruturação: elementos do turismo

(Quadro 3.1 – conclusão)

Setor	Características
Rodoviário	» **Ônibus:** › O meio de transporte de passageiros mais eficiente em termos de energia. › Serviços de ônibus são mais regulares (intermunicipais, interestaduais) que outros modais, ao menos no Brasil. › *Charters*[1] e *tours*[2] – muito utilizados pelas agências de viagens e operadoras turísticas. › As tendências do setor são: fusões, alianças e investimentos em veículos de luxo que proporcionam mais conforto e segurança. » **Automóveis pessoais:** › Meio de transporte mais popular; estima-se que 80% das viagens nos Estados Unidos são feitas de carro. › Oferece flexibilidade e conveniência para as viagens, uma vez que as pessoas podem sair da sua residência e seguir diretamente para o destino.
Aquaviário	» Segmento que mais cresce no turismo, com a constante ampliação da frota de navios pelas empresas de cruzeiros. » Fornece serviço de *resort* em vez de um simples transporte; muitas vezes, a escolha por esse modal é motivada por ele próprio ser um produto de lazer. » Ainda existem poucos portos de embarque e desembarque, algumas vezes inadequados e ineficientes.

[1] Termo utilizado para veículos fretados.
[2] Termo referente a passeios turísticos.

Todos esses modais de transporte têm significativa importância para a atividade turística, pois cada um busca, à sua maneira, transportar pessoas, facilitando o deslocamento e, algumas vezes, transformando-se no próprio atrativo ou na motivação da viagem.

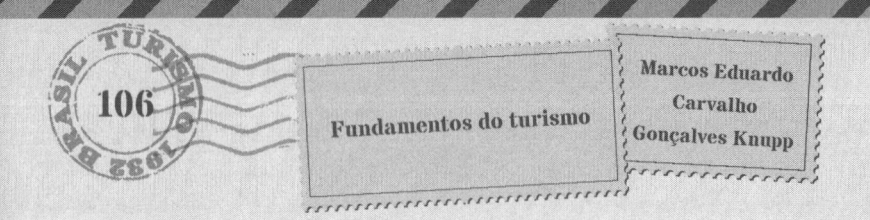

3.7.3 Hospedagem

As hospedagens são consideradas indispensáveis à experiência de viagem. Das diversas formas de acomodação utilizadas pelos turistas, as mais comumente utilizadas são pousadas, hotéis, motéis, *resorts*, apart-hotéis, *campings* e albergues.

O estoque mundial de apartamentos de hotel cresce em torno de 2,5% ao ano (OMT, 2001b). De acordo com alguns teóricos, entre eles Goeldner, Ritchie e McIntosh (2002), o setor de hospedagens é considerado o maior dentro da economia turística. Trata-se de um mercado altamente segmentado, que oferece produtos em diversos níveis de qualidade e preço, o que levou à implantação de matrizes de classificações pelos mercados e governos, com o objetivo de oferecer tentativas de comparações de qualidade entre os estabelecimentos. Fusões e aquisições têm ocorrido com frequência nas últimas duas décadas, o que demonstra que a tendência é a ampliação de redes hoteleiras, franquias, hotéis conveniados e contratos de gerenciamento de hotéis. Há de se considerar, também, que as questões ambientais e a TI têm sido de suma importância no contexto das hospedagens.

3.7.4 Alimentação

Tão antigo quanto o setor de hospedagem, o setor de alimentação abrange restaurantes, restaurantes especializados, *fast-foods*, padarias, lanchonetes, cafeterias, operações em hotéis e motéis, estabelecimentos de beira de estrada, bem como a distribuição de alimentos em aviões, trens e navios (Goeldner; Ritchie; McIntosh, 2002).

3.7.5 Eventos

O **setor de eventos** tem apresentado alto crescimento. Envolve tarefas como negociação (entre hotéis, empresas aéreas e fornecedores), além de planejamento, promoção dos eventos e captação de recursos para a viabilização dos eventos.

Existem organizadores de eventos em corporações, empresas aéreas, associações, instituições educacionais, feiras comerciais e governos, os quais trazem grandes benefícios para as localidades, mas também geram grandes impactos negativos, tais como poluição sonora e acúmulo de lixo. No geral, corroboramos a posição de Watt (2004), no sentido de que esse setor traz, acima de tudo, benefícios que podem suavizar os efeitos da sazonalidade dos destinos no contexto do turismo receptivo.

3.7.6 Atrativos

Os atrativos turísticos podem ser divididos entre naturais e artificiais. Alguns autores, como Goeldner, Ritchie e McIntosh (2002), consideram-nos o mais importante componente do sistema, pois são alguns dos principais fatores motivadores do turismo, além de serem muitas vezes a menor despesa da viagem. Nesse setor estão inclusos parques de diversão, atrativos naturais (parques, montanhas, litorais), patrimônios locais (lugares históricos, monumentos), lazer (esportes), comércios locais (lojas de presentes, arte, artesanato), indústrias (vinícolas, cervejarias) e entretenimento (musicais, teatro).

Fundamentos do turismo

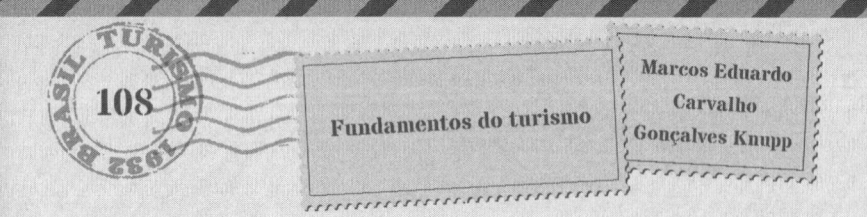

Marcos Eduardo Carvalho Gonçalves Knupp

Síntese

Neste capítulo, foram abordados a organização e os elementos do turismo que formam o sistema, a cadeia, a atividade ou a rede turística. Todos esses elementos estão interligados e somente com a troca de informações entre eles é possível verificar a dinâmica do mercado. Cada uma das organizações do turismo – mundiais, internacionais, nacionais, regionais, estaduais, locais ou municipais – tem representatividade relevante para o turismo, seja ela mais genérica, como é o caso da OMT e do Ministério do Turismo, seja ela mais específica, a exemplo da Iata e da Abih.

Ao sistematizar os setores do turismo, indo desde os primórdios dessas atividades e da importância delas para o desenvolvimento do turismo até a dinâmica atual desses nichos de mercado, é possível compreender a importância de cada um deles para a rede turística. Todos esses elementos são intrínsecos à atividade turística e devem ser levados em consideração para a melhor compreensão da área como um todo.

Questões para revisão

1. Podemos analisar as organizações do turismo em relação aos seguintes aspectos:
    a) Hospedagem (onde os turistas buscam descanso e segurança); motivação (com ou sem fins lucrativos); geografia (mundial/global, nacional, regional, local); tipo de propriedade (pública/ privada).
    b) Hospedagem (onde os turistas buscam descanso e segurança); alimentação (lugares onde os turistas podem se alimentar); agências (onde os viajantes podem conseguir comprar as viagens); destino (onde a atividade acontece).
    c) Destino (onde a atividade acontece); função ou tipo de atividade (comerciais, pesquisadoras, consultoras, de associações); segmentos (agências, transporte, hotelaria, alimentação, eventos etc.); motivação (com ou sem fins lucrativos).

d) Geografia (mundial/global, nacional, regional, local); tipo de propriedade (pública/privada); função ou tipo de atividade (comerciais, pesquisadoras, consultoras, de associações); segmentos (agências, transporte, hotelaria, alimentação, eventos etc.); motivação (com ou sem fins lucrativos).

2. As organizações do turismo são fundamentais para o desenvolvimento do setor nos níveis global, nacional, estadual e municipal. Aponte as relações existentes entre essas importantes instituições e os elementos do turismo. Para fundamentar sua resposta, é necessário relacionar pelo menos duas organizações (internacionais, nacionais, estaduais ou municipais) e pelo menos dois elementos do turismo.

3. As organizações do turismo podem ser analisadas de diversas formas. Descreva duas organizações estudadas e classifique-as.

4. No âmbito do turismo, qual é a diferença entre infraestrutura e superestrutura?
   a) A infraestrutura se constitui de equipamentos de hospedagem, alimentação e agências. Já a superestrutura se constitui de transportes, atrativos e eventos.
   b) A infraestrutura se constitui de equipamentos que suprem as necessidades básicas das pessoas. Já a superestrutura se constitui tanto de atores dos poderes públicos quanto da iniciativa privada que cuidam desse fator, âmbito em que o turismo realmente se movimenta.
   c) A infraestrutura se constitui das organizações internacionais e municipais do turismo. Já a superestrutura se constitui das organizações municipais, ou seja, os elementos do turismo.
   d) A infraestrutura se constitui de equipamentos que suprem as necessidades básicas das pessoas, já a superestrutura se constitui das organizações municipais, ou seja, os elementos do turismo.

5. Em relação à abrangência das organizações do turismo, assinale a alternativa correta:
   a) OMT (abrangência mundial); Abih (abrangência municipal); Iata (abrangência regional); Abav (abrangência nacional).
   b) WTTC (abrangência regional); Ministério do Turismo (abrangência nacional); Fenactur (abrangência local); IACVB (abrangência municipal).
   c) OMT (abrangência mundial); Abav (abrangência nacional); Ministério do Turismo (abrangência nacional); Iata (abrangência internacional).
   d) Ministério do Turismo (abrangência nacional); OMT (abrangência mundial); Iata (abrangência internacional); Abih (abrangência municipal).

Questão para reflexão

Levando em consideração todos os elementos tratados neste capítulo em relação às organizações e a estruturação do turismo, podemos perceber que existe uma sistematização que pode ser visualizada em formatos distintos, a depender de como é feita a análise e da inter--relação entre esses elementos. Nesse sentido, é possível considerar o turismo uma cadeia, um sistema ou uma rede constituída de elementos que apresentam vínculos e troca de fluxos de informação entre si. Com base nessa perspectiva, busque um destino turístico e todos os elementos que fazem parte dele e reflita sobre a maneira como eles se relacionam e trocam informações para que a atividade turística aconteça.

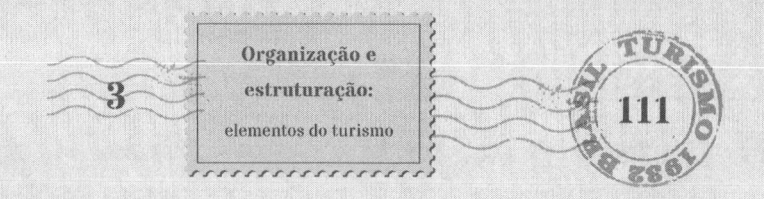

Para saber mais

ARTN – Australian Regional Tourism Network. Disponível em: <http://www.regionaltourism.com.au/>. Acesso em: 22 abr. 2015.

BRASIL. Ministério do Turismo. Coordenação Geral de Regionalização. **Roteiros do Brasil**: formação de redes. Brasília, 2007. Disponível em: <http://www.turismo.gov.br/sites/default/turismo/o_ministerio/publicacoes/downloads_publicacoes/conteudo_fundamental_formacao_de_redes.pdf>. Acesso em: 22 abr. 2015.

CREATIVE TOURISM NETWORK. Disponível em: <http://www.creativetourismnetwork.org/>. Acesso em: 22 abr. 2015.

WORLD TOURISM NETWORK. Disponível em: <http://www.worldtourismnetwork.org/>. Acesso em: 22 abr. 2015.

Indicamos os sítios acima que tratam sobre redes de turismo a fim de ilustrar as questões abordadas neste capítulo. Neles podem ser visualizados exemplos, conceitos e demonstrações de redes de turismo. Dessa maneira, mostram-se a tendência e a importância desse tipo de análise dos elementos do turismo que, segundo o conceito de *rede*, estão em constante interação, fluxo e troca de informações. Finalmente, o documento "Roteiros do Brasil" serve para ilustrar um modelo de planejamento do turismo baseado no conceito de redes, gerando assim um dos mais importantes programas do turismo no Brasil.

4. Políticas públicas e o turismo

Conteúdos do capítulo

» Desenvolvimento do turismo.
» Políticas públicas nacionais referentes ao turismo.

Após o estudo deste capítulo, você será capaz de:

1. compreender o papel do poder público para o desenvolvimento do turismo;
2. reconhecer a importância de instituições que nortearam a evolução das políticas de desenvolvimento do turismo;
3. analisar a perspectiva histórica das políticas de turismo no Brasil.

4 Políticas públicas e o turismo

Neste capítulo, trataremos das políticas públicas de turismo, destacando o papel do poder público como coordenador do desenvolvimento do setor turístico. Primeiramente, delimitaremos o espaço de atuação das políticas públicas de turismo e a forma como os governos têm procurado influenciar essa atividade ao assumirem o lugar de coordenadores do desenvolvimento. Destacaremos também alguns dos requerimentos atuais dessas políticas, como a sustentabilidade, a intersetorialidade e a necessidade de convergência de ações entre uma pluralidade de atores relevantes. Em seguida, discutiremos a importância das instituições internacionais e a sua relevância para as políticas de turismo em nível global.

Por fim, analisaremos as políticas públicas de turismo no Brasil sob uma perspectiva histórica, para, na sequência, estudarmos suas características atuais, estabelecendo as bases para a análise da política de turismo. Para tanto, abordaremos os aspectos mais relevantes das políticas relativas ao turismo no Brasil e ilustraremos suas principais fases e seus marcos normativos, bem como os programas adotados.

4.1 O despertar do desenvolvimento do turismo

O **impacto socioeconômico das atividades turísticas** por si só justifica o crescente empenho dos governos na formulação e na implementação de políticas que direcionem e qualifiquem o desenvolvimento do turismo. Governos nas diversas regiões do planeta estão atentos às oportunidades de aumento de renda e geração de emprego resultantes dessa atividade.

Nesse sentido, concordamos com Pham, Dwyer e Spurr (2010) quando eles afirmam que esse empenho tem reforçado a imagem do turismo em círculos amplos e reduzidos, em termos políticos e geográficos, públicos e privados, dinâmica que vem incentivando o desenvolvimento turístico em continentes, países, regiões e municípios (Jafari, 1994).

Antes de prosseguirmos, é necessário delimitar o que define as políticas públicas desse setor. Consideramos, assim como Goeldner, Ritchie e McIntosh (2002, p. 294), que as **políticas públicas de turismo** abrangem

> um conjunto de regulamentações, regras, diretrizes, diretivas, objetivos e estratégias de desenvolvimento e promoção que fornece uma estrutura na qual são tomadas as decisões coletivas e individuais que afetam diretamente o desenvolvimento turístico e as atividades diárias dentro de uma destinação.

Uma das ferramentas essenciais para subsidiar a formulação dessas políticas é a análise de impacto econômico, que fornece estimativas tangíveis das interdependências econômicas e uma melhor compreensão do papel e da importância do turismo na economia de uma região (Stynes, 1999). É nesse sentido que os países nos quais a conta satélite do turismo foi implementada têm sido capazes de compreender, com mais precisão, a posição do turismo em suas economias e, portanto, de produzir melhores estimativas quanto aos custos e benefícios da atividade. Pham, Dwyer e Spurr (2010), por sua vez, realçam que essa conta fornece a base para a avaliação de como diferentes governos lidam com o desenvolvimento do turismo por meio de políticas públicas, dada a possibilidade de analisar o seu desempenho econômico nessa atividade.

A despeito do fato de que o poder público é responsável pelo desenvolvimento do turismo, considerando suas peculiaridades regionais para a devida articulação de diversos setores e localidades, as políticas centrais têm destacada importância, uma vez que os respectivos governos concentram os instrumentos de regulação e indução econômica – imprescindíveis para o setor –, faltando aos governos subnacionais coordenar esforços em diversos setores específicos, como hospedagem, transporte e agenciamento.

Entre os parâmetros norteadores das políticas públicas de turismo, requerimentos como a **sustentabilidade**, a **intersetorialidade** e a necessidade de **envolver setores correlatos** e **abranger múltiplos atores** – governos, mercados e comunidade – têm destaque no desenvolvimento do turismo.

A sustentabilidade pressupõe que as políticas nesse setor devem assegurar modos de relações de consumo no presente que não afetem as possibilidades de consumo futuro. No cerne desse conceito está a questão ambiental, que se tornou o centro de diversas discussões num mundo marcado pela busca incessante pelo desenvolvimento; o fenômeno do turismo passa a ser tratado como uma atividade que pode trazer desenvolvimento para diversas regiões e também entra em pauta nessa discussão.

Breve histórico da discussão sobre a questão ambiental

A década de 1970 foi palco de diversos encontros marcantes entre especialistas para a discussão sobre a questão ambiental. A preocupação com o meio ambiente fez surgir conferências que marcaram épocas ao redesenharem um perfil dentro da comunidade global – as pessoas que se preocupam e discutem a preservação do meio ambiente. Nesse quadro, surge o conceito de *desenvolvimento sustentável*, que se contrapõe ao crescimento desordenado da população mundial. Em 1972, dois eventos delimitaram correntes: o Clube de Roma e a Conferência de Estocolmo.

O trabalho do Clube de Roma segue a ideia do congelamento do crescimento da população global e do capital industrial, a partir da evidência de que os recursos são limitados para a quantidade de pessoas na Terra. Já a Conferência de Estocolmo traz uma crítica ambiental ao modo de vida contemporâneo, apresentando uma abordagem de educação para o meio ambiente. Ambas as correntes demonstraram um propósito em comum, que é a necessidade de tornar compatível a qualidade de vida da população por meio da preservação ambiental.

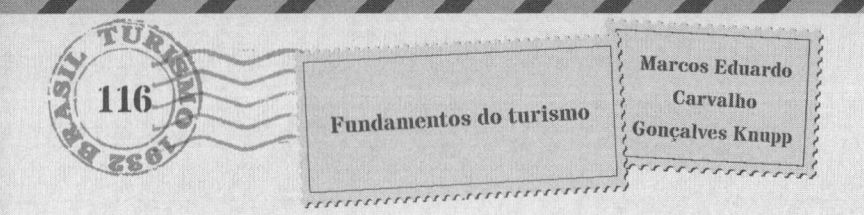

Outros eventos considerados importantes são a Conferência Internacional de Moscou e a publicação do Relatório Brundtland, ambos em 1987. O primeiro foi promovido pela Organização das Nações Unidas para a Educação, a Ciência e a Cultura (Unesco) e pelo Programa das Nações Unidas para o Meio Ambiente (Pnuma), que tem como foco a educação ambiental por meio do balanço dos avanços e da proposição de estratégias para o futuro em âmbito internacional. O segundo foi elaborado pela Comissão das Nações Unidas sobre Meio Ambiente e Desenvolvimento (Cnumad), criada pela Organização das Nações Unidas (ONU), que defende o desenvolvimento sustentável, sendo novamente destacada a importância da educação ambiental. Mais adiante, em 1992, foi ratificado, durante a Rio-92, o Tratado de Educação Ambiental para Sociedades Sustentáveis e Responsabilidade Global, quando foram expostos os princípios das ações e um plano de ação para educadores ambientais, estabelecendo uma relação entre políticas públicas de educação ambiental e sustentabilidade, a qual tem sido usada como referência para ações políticas e estudos teóricos (Lima, 1999), inclusive no campo do turismo.

Um dos objetivos das políticas públicas contemporâneas de turismo é justamente a **sustentabilidade**, definida pela Organização Mundial de Turismo (OMT, 2003, p. 24) nos seguintes termos:

> O desenvolvimento do turismo sustentável atende às necessidades dos turistas de hoje e das regiões receptoras, ao mesmo tempo em que protege e amplia oportunidades para o futuro. É visto como um condutor de gerenciamento de todos os recursos, de tal forma que as necessidades econômicas, sociais e estéticas

possam ser satisfeitas, sem desprezar a manutenção da integridade cultural, dos processos ecológicos essenciais, da diversidade biológica e dos sistemas que garantem a vida.

Podemos considerar a sustentabilidade elemento significativo na mensuração do desempenho turístico, ou seja, um dos principais parâmetros de análise existentes. Além disso, esse fator trabalha para o aperfeiçoamento da atividade turística, que passa também pela necessidade de incorporação de inovações no planejamento da atividade turística, na formulação e na implementação das políticas públicas de turismo. Destacamos a relevância desse aspecto porque ele pode comprometer a própria continuidade de desenvolvimento do turismo.

> Tal desenvolvimento deve levar em consideração os benefícios para anfitriões e visitantes, enquanto protege e melhora os recursos disponíveis para o futuro. No entanto, o desenvolvimento sustentável para o turismo exige uma série de medidas políticas vigorosas baseadas em trocas complexas nos níveis social, econômico e ambiental. (Brasil, 2008a, p. 30)

Como anteriormente exposto, consideramos que é tarefa do poder público coordenar o desenvolvimento turístico, haja vista sua condição de responsável pela defesa dos interesses da sociedade na gestão das esferas econômica e social e pela proteção e pelo gerenciamento do patrimônio público (Solha, 2004). Apesar de se tratar de uma atividade essencialmente voltada para o mercado, o desenvolvimento do turismo atinge diretamente a sociedade, principalmente as comunidades locais que recebem turistas e as empresas que atuam no setor.

Nesse contexto, considerando que a atividade turística afeta a sociedade, é necessário que exista uma regulamentação. Para tanto, o papel do governo é importante – por meio das políticas públicas, ele deve estimular o desenvolvimento adequado do setor em busca de um equilíbrio das funções públicas e privadas. Para Solha (2004), embora o poder público tenha um papel central na formulação e na implementação das políticas de turismo, é necessário estar atento à medida e à intensidade das suas intervenções:

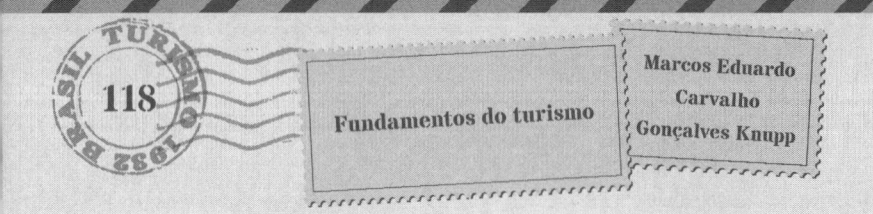

> o perigo da intervenção excessiva e insensível do governo na operação de mercado pode deter o desenvolvimento econômico, inibir iniciativas e inovações, além de impor pesada burocracia, e com grande risco de se tornar autoritário. (Solha, 2004, p. 388)

Desse modo, além de determinado limiar, a ação estatal poderia – por meio de subsídios, regulamentações, desvalorização da moeda, entre outras medidas – resultar em efeitos cumulativos indesejáveis e prejudiciais a longo prazo para as empresas.

> Esses tipos de políticas significam que as empresas deixarão de tomar as medidas necessárias à criação de vantagem competitiva sustentável e tornarão lento o aprimoramento da economia. Um excessivo apoio governamental também torna difícil convencer a indústria a investir e correr riscos, sem tal apoio. (Porter, 1993, p. 758)

Porter (1993) defende que os governos encarnem o papel de pressionador e desafiador, a fim de proporcionar instrumentos necessários à competição por meio de estímulos que criem certo desconforto e tensão competitiva. A contenção do viés protecionista das políticas públicas e o estímulo à competitividade, por meio da regulação, buscariam não obstruir os interesses dos negócios e ao mesmo tempo induzir inovação, restringindo a intervenção do Estado às áreas nas quais o setor privado não é capaz de desenvolver, por si, o processo de criação de valores que possam ser revertidos em favor do interesse público.

Outro requerimento setorial marcante e distinto é a dependência da adesão da iniciativa privada, da sociedade civil e das comunidades locais para que sejam exploradas as potencialidades dos destinos. A disposição das comunidades em aceitar a atividade turística é importante para o desenvolvimento de tais vocações para o turismo, para que sejam afetadas em sua totalidade. Da mesma forma, as empresas de turismo e outras ligadas indiretamente à atividade, além de fornecedores e governos locais, podem influenciar decisivamente no desempenho de tais políticas.

Nesse âmbito, a **natureza multidisciplinar** do turismo é importante "para formular políticas que deem conta ou abordem essas múltiplas forças, os envolvidos devem considerar as complexidades de cada disciplina e suas interações numa dada situação" (Goeldner; Ritchie; McIntosh, 2002, p. 298).

Por fim, levamos em consideração que o poder público deve conduzir seus procedimentos a fim de orientar os setores produtivos da sociedade contemporânea para as transformações que condizem com o funcionamento dos mercados atuais. No caso do turismo, especificamente, chamamos a atenção para o fato de que devemos levar em conta três requerimentos – sustentabilidade, intersetorialidade e envolvimento de múltiplos atores – essenciais para que essas políticas desempenhem seu papel de forma adequada. Na sequência, trataremos da forma como os órgãos internacionais abordam o turismo e suas políticas específicas.

4.2 Políticas públicas de turismo no Brasil

O turismo se coloca entre os setores governamentais que somente nas últimas décadas têm sido alvo de uma intervenção mais sistemática dos governos, assim como o meio ambiente, o desenvolvimento tecnológico e os patrimônios histórico, artístico e cultural. As primeiras políticas federais de turismo que visavam a um direcionamento estrutural da atividade surgiram no regime autoritário, sob centralização acentuada do poder na burocracia do Executivo federal, isolando associações de classe e outros grupos de interesse presentes no setor de turismo.

Anteriormente, entre as décadas de 1930 e 1940, existiam poucas iniciativas governamentais relacionadas ao turismo no país. Elas estavam destinadas à proteção dos bens históricos e artísticos nacionais e à fiscalização de agências de turismo (Panosso Netto; Noguero; Jager, 2011). No entanto, em 1936, a iniciativa privada já iniciava sua organização de classe do setor, por ocasião do I Congresso Nacional de Hoteleiros, com a fundação da Associação Brasileira da Indústria de Hotéis (Abih), considerada até hoje uma força marcante dentro do setor de turismo brasileiro.

Em 1938, ocorreu a primeira menção legal à atividade do turismo no Brasil, no Decreto-Lei n. 406, de 4 de maio de 1938 (Brasil, 1938), que dispunha sobre a entrada de estrangeiros no país. Ainda assim, a atividade continuava sem um órgão governamental específico responsável por ela. Portanto, nessa época, de 1937 a 1945, é possível afirmarmos que os governos não estavam empenhados em desenvolver a atividade turística no país e que, por isso, existiam poucas políticas diretamente relacionadas ao turismo, as quais não trouxeram resultados significativos para o planejamento da atividade.

Em 1946 e 1947, o **Ministério da Justiça e Negócios** assumiu a responsabilidade sobre a atividade turística no país, ainda que o Estado tivesse poucos instrumentos diretos. Em 1946, houve a proibição dos jogos de azar no Brasil. Os principais cassinos se instalaram no Rio de Janeiro, em Niterói, em Santos, em Belo Horizonte, em Recife e em Salvador; essa pode ser considerada uma intervenção que impactou diretamente o desenvolvimento do setor turístico. Em 1953, surgiu outra importante organização da iniciativa privada, a Associação Brasileira de Agência de Viagens (Abav).

Por meio do Decreto n. 44.863, de 21 de novembro de 1958 (Brasil, 1958), criou-se a **Comissão Brasileira de Turismo (Combratur)**, que podemos considerar o primeiro órgão governamental específico do turismo (Carvalho, 2000). Posteriormente, no governo de Juscelino Kubitschek, a Combratur foi substituída, em 1962, pela Divisão de Turismo e Certames do Ministério da Indústria e do Comércio, que tinha por finalidade promover, organizar e fiscalizar exposições, feiras e certames no território nacional (Solha, 2004).

Sendo assim, o turismo começou a entrar na pauta dos órgãos governamentais do Brasil apenas nas décadas de 1940 e 1950, mesmo que ainda sem importância significativa. À época, questões relativas aos setores estruturais da atividade turística, como os meios de hospedagem, passavam despercebidas pelos órgãos públicos competentes, denotando falta de direcionamento e de profissionalização do setor.

Mais adiante, o Decreto-Lei n. 55, de 18 de novembro de 1966 (Brasil, 1966), criou a **Política Nacional de Turismo**, o **Conselho Nacional de Turismo (CNTur)** e a **Empresa Brasileira de Turismo** – hoje denominada *Instituto Brasileiro de Turismo* (Embratur) –, ainda existentes, fortalecendo o turismo no Brasil (Silveira; Paixão; Cobos, 2006). Somente a partir desse momento a atividade turística começou a tomar

Fundamentos do turismo

Marcos Eduardo
Carvalho
Gonçalves Knupp

vulto considerável nas ações estratégicas do governo nacional. Em outubro de 1967, aconteceram as primeiras pesquisas governamentais – que coletaram dados estatísticos sobre o turismo receptivo no Brasil – e o I Encontro Oficial do Turismo Nacional, iniciativas da Embratur. Em 1968, os dados estatísticos sobre turismo receptivo no Brasil começaram a ser sistematizados por esse órgão público, com estimativas dos anos anteriores (1966 e 1967).

As origens da Embratur

Antes de se tornar Instituto Brasileiro de Turismo em 1985, a Embratur era então denominada *Empresa Brasileira de Turismo* e vinculada ao Ministério da Indústria e do Comércio, com a natureza de empresa pública. Sua finalidade era incrementar o desenvolvimento da indústria de turismo e executar, no âmbito nacional, as diretrizes traçadas pelo governo. De acordo com o Decreto-Lei n. 55/1966, competia à Embratur:

Art. 13. [...].
a. fomentar e financiar diretamente as iniciativas, planos, programas e projetos que visem o desenvolvimento da indústria do turismo, na forma que for estabelecida na regulamentação deste Decreto-lei ou com resoluções do Conselho Nacional do Turismo;
b. executar todas as decisões, atos, instruções e resoluções expedidas pelo Conselho;
c. celebrar contratos, estudos e convênios, autorizados pelo Conselho, com entidades públicas e privadas, no interesse da indústria nacional de turismo e da coordenação de suas atividades;
d. estudar de forma sistemática e permanente o mercado turístico, a fim de contar com os dados necessários para um adequado controle técnico;
e. organizar, promover e divulgar as atividades ligadas ao turismo;

> f. fazer o registro e fiscalização das empresas dedicadas à indústria de turismo, satisfeitas as condições fixadas em normas próprias;
> g. estudar e propor ao Conselho Nacional de Turismo os atos normativos necessários ao seu funcionamento;
> h. movimentar os recursos da Empresa dentro das diretrizes traçadas pelo Conselho, autorizando a realização de despesas e o respectivo pagamento, devendo esses papéis serem firmados em conjunto pelo Presidente e um Diretor. (Brasil, 1966)[1]

Foi somente na década de 1970 que surgiram as primeiras preocupações com a formação profissional em turismo. No ano de 1970, foi criada a **Faculdade de Turismo do Morumbi**, em São Paulo, pioneira no ensino superior de turismo no país. Em 1972, foi criado o **curso de Turismo da Universidade de São Paulo (USP)**.

Na década de 1980, o **Decreto n. 84.451, de 31 de janeiro de 1980** (Brasil, 1980), deu nova regulamentação ao passaporte brasileiro e extinguiu o visto de saída, medida do regime militar que também incidiu positivamente no turismo. Em 1985 e 1986 houve a liberalização do mercado para o exercício e a exploração de atividades turísticas e a consequente redução da clandestinidade, além do aumento do número de agências registradas, favorecendo os estabelecimentos privados e o mercado turístico de modo geral.

Também no ano de 1985 a Embratur iniciou o Projeto Turismo Ecológico, demonstrando que o governo iniciava uma preocupação em desenvolver o turismo por meio de segmentos específicos. Em 1987, houve a incorporação das leis ambientais na formulação das políticas públicas, quando a Embratur lançou o turismo ecológico como um novo produto. Porém,

---

1   Decreto-Lei revogado pela Lei n. 8.181, de 28 de março de 1991 (Brasil, 1991).

consideramos que o grande marco dessa década foi a **incorporação do turismo na Constituição de 1988** (Brasil, 1988), em seu art. 180, como responsabilidade compartilhada entre União, estados, Distrito Federal e municípios, todos incumbidos de promover e incentivar tal atividade.

Desse modo, as primeiras políticas de turismo consideradas importantes no plano de desenvolvimento e no direcionamento da atividade turística surgiram em meio ao regime militar (1964-1985), quando o governo centralizava suas ações, não incorporando atores importantes nas decisões políticas – como as associações de classe de setores específicos que já existiam àquela época (Abih e Abav, por exemplo).

Também foram marcantes nessa época as crises políticas e econômicas que atravessaram o país entre as décadas de 1970 e 1990, desgastando o regime militar e também o turismo. Essa é considerada a **primeira fase do turismo brasileiro** (Panosso Netto; Silva; Trigo, 2009), que vai desde as primeiras ações governamentais que incidiram indiretamente no campo do turismo na década de 1930, passando pelo fim da ditadura militar em meados da década de 1980 à instabilidade política e econômica que perdurou até o início da década de 1990.

Em 1992, o turismo passou a ser de responsabilidade do Ministério da Indústria, do Comércio e do Turismo. Nesse mesmo ano, foi criado o Plano Nacional de Turismo, instrumento implementado pela Política Nacional de Turismo. Porém, mesmo contendo ações detalhadas, ele não chegou a sair do papel, dado o contexto de instabilidade política em que foi formulado (Oliveira, 2008). Em 1992 também foi criado o **Programa de Desenvolvimento do Turismo no Nordeste (Prodetur/NE)**. Somente em 1993 e 1994 ocorreu a implantação do Prodetur/NE que, posteriormente, se desdobrou em outros, Prodetur/Sudeste e Prodetur/Sul do Brasil, dado o seu sucesso. Também em 1993 foram lançadas discussões para definir as diretrizes para uma **Política Nacional de Ecoturismo**.

Em 1994, ocorreu a publicação das diretrizes elaboradas pela Embratur e pelo Ministério do Meio Ambiente.

No entanto, consideramos que o marco da década de 1990 foi o lançamento, em agosto, do **Programa Nacional de Municipalização do Turismo (PNMT)**, que visava:

> à conscientização, à sensibilização, ao estímulo e à capacitação dos vários Monitores Municipais, para que despertem e reconheçam a importância e a dimensão do turismo como gerador de emprego e renda, conciliando o crescimento econômico com a preservação e a manutenção dos patrimônios ambiental, histórico e cultural, e tendo, como resultado, a participação e a gestão da comunidade no Plano Municipal de Desenvolvimento do Turismo Sustentável.
> (Brasil, 1999, p. 9)

Em 1996, foi criado o Ministério do Esporte e Turismo, atuante até 1999, que apresentou **uma nova Política Nacional de Turismo**. Em 1997, com o sucesso do Plano Real, a abertura do mercado brasileiro ao comércio e aos investimentos do exterior e a estabilização da moeda e da economia, o Brasil passou por um crescimento da oferta em serviços destinados a lazer, turismo, hotelaria, gastronomia e entretenimento em geral.

O *impeachment* de Fernando Collor de Mello no início da década de 1990 e a chegada de um novo plano de estabilização econômica delimitaram uma **segunda fase do turismo brasileiro**, já sob um regime democrático. Nesse contexto, destacamos alguns fatores que suscitaram o crescimento do turismo: estabilidade política e econômico-financeira, abertura comercial, investimento em infraestrutura, crescimento do turismo internacional, cursos superiores e técnicos de turismo e foco na segmentação do lazer e do turismo no país (Panosso Netto; Silva; Trigo, 2009).

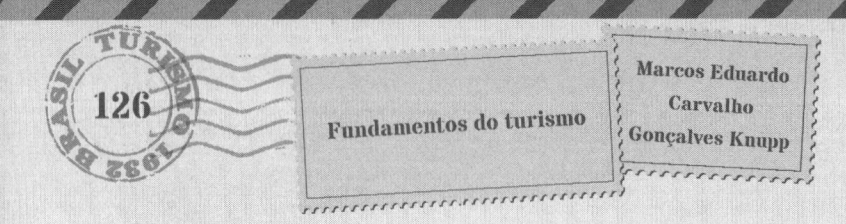

O setor do turismo, contudo, apesar de ter tido uma importância relativamente maior para os governos brasileiros e ganhado um programa nacional específico – o PNMT, marcado principalmente pelo processo de descentralização que vinha ocorrendo no Brasil desde o fim da década de 1980 –, ainda se encontrava em subtítulos dos ministérios, como em Ministério do Esporte e Turismo.

Foi somente no governo do Presidente Luiz Inácio Lula da Silva que surgiu o Ministério do Turismo, já em 2003, juntamente com a retomada do Plano Nacional de Turismo (2003–2007), que visava explicitar o pensamento do governo e do setor produtivo e orientar as ações necessárias para consolidar desenvolvimento turístico (Brasil, 2003). Essa pode ser identificada como uma **terceira fase do turismo brasileiro** (Panosso Netto; Silva; Trigo, 2009).

Atualmente, existem ações governamentais em conjunto com outras instituições públicas e privadas que visam desenvolver essa atividade, tais como o Plano Nacional de Turismo em sua terceira versão, o recente Programa de Regionalização do Turismo[2] (PRT) e o Plano Aquarela[3].

Para se ter uma ideia do esforço do governo com a criação do Ministério do Turismo, observe o Gráfico 4.1, que relaciona os gastos dessa autarquia nos anos de 2003 a 2012.

---

[2] O PRT tem como objetivo "transformar as ações, antes centradas nos municípios, em uma política pública mobilizadora, por meio de um planejamento sistematizado e participativo, a fim de coordenar o desenvolvimento turístico de forma regionalizada" (Brasil, 2004).

[3] O Plano Aquarela visa impulsionar o turismo internacional no Brasil, incrementando o número de turistas estrangeiros no país e ampliando a entrada de divisas por meio do *marketing* turístico internacional do Brasil (Brasil, 2008b).

Gráfico 4.1 – Execução orçamentária do
Ministério do Turismo (2003–2012)

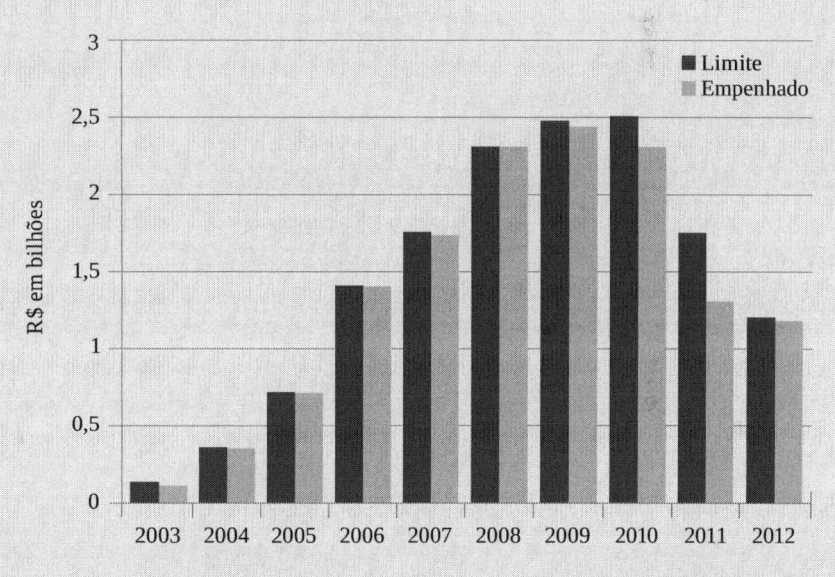

Fonte: Adaptado de Brasil, 2013.

Chamamos atenção para os planos que visam estruturar as ações relacionadas à atividade e são de suma importância para o setor em nível nacional. O primeiro Plano Nacional de Turismo (Brasil, 2003), relativo aos anos de 2003 a 2007, inovou no sentido de fortalecer a atividade turística com um modelo de gestão e planejamento regionalizados que visava à geração de empregos e ocupações no setor, à melhoria da oferta de produtos turísticos e ao crescimento do número de viagens domésticas, bem como ao aumento do número de turistas estrangeiros. Esse documento foi articulado em torno de dois objetivos gerais e sete objetivos específicos:

e.1) **Objetivos Gerais:**
- Desenvolver o produto turístico brasileiro com qualidade, contemplando nossas diversidades regionais, culturais e naturais.
- Estimular e facilitar o consumo do produto turístico brasileiro nos mercados nacional e internacional.

e.2) **Objetivos Específicos:**
- Dar qualidade ao produto turístico.
- Diversificar a oferta turística.
- Estruturar os destinos turísticos.
- Ampliar e qualificar o mercado de trabalho.
- Aumentar a inserção competitiva do produto turístico no mercado internacional.
- Ampliar o consumo do produto turístico no mercado nacional.
- Aumentar a taxa de permanência e gasto médio do turista. (Brasil, 2003, p. 22, grifo do original)

Já o Plano Nacional de Turismo 2007-2010 (Brasil, 2007), denominado *Uma viagem de inclusão,* deu continuidade às formas de planejar e gerir a atividade e colocou o turismo como um indutor do desenvolvimento da geração de emprego e renda no país. A inovação desse documento está no fato de que ele delimita a perspectiva da função social que o turismo representa para o país e avança na expansão e no fortalecimento do mercado interno. Assim como o plano anterior, ele também se articula em objetivos gerais e específicos. Seus objetivos gerais são:

» Desenvolver o produto turístico brasileiro com qualidade, contemplando nossas diversidades regionais, culturais e naturais.
» Promover o turismo com um fator de inclusão social, por meio da geração de trabalho e renda e pela inclusão da atividade na pauta de consumo de todos os brasileiros.

4 Políticas públicas e o turismo

» Fomentar a competitividade do produto turístico brasileiro nos mercados nacional e internacional e atrair divisas para o País. (Brasil, 2007, p. 16)

Os objetivos específicos, por sua vez, são oito:

» Garantir a continuidade e o fortalecimento da Política Nacional do Turismo e da gestão descentralizada.
» Estruturar os destinos, diversificar a oferta e dar qualidade ao produto turístico brasileiro.
» Aumentar a inserção competitiva do produto turístico no mercado nacional e internacional e proporcionar condições favoráveis ao investimento e à expansão da iniciativa privada.
» Apoiar a recuperação e a adequação da infraestrutura e dos equipamentos nos destinos turísticos, garantindo a acessibilidade aos portadores de necessidades especiais.
» Ampliar e qualificar o mercado de trabalho nas diversas atividades que integram a cadeia produtiva do turismo.
» Promover a ampliação e a diversificação do consumo do produto turístico no mercado nacional e no mercado internacional, incentivando o aumento da taxa de permanência e do gasto médio do turista.
» Consolidar um sistema de informações turísticas que possibilite monitorar os impactos sociais, econômicos e ambientais da atividade, facilitando a tomada de decisões no setor e promovendo a utilização da tecnologia da informação como indutora de competitividade.
» Desenvolver e implementar estratégias relacionadas à logística de transportes articulados, que viabilizem a integração de regiões e destinos turísticos e promovam a conexão soberana do País com o mundo. (Brasil, 2007, p. 16)

Finalmente, o Plano Nacional de Turismo 2013-2016 (Brasil, 2013), denominado *O turismo fazendo muito mais pelo Brasil*, estruturou-se de acordo com o contexto em que vive atualmente o país. Os grandes eventos sediados no Brasil, a Copa do Mundo de 2014 e as Olimpíadas de 2016, foram considerados desafios e oportunidades. Esse documento explana quatro objetivos estratégicos a serem alcançados:

> (i) preparar o turismo brasileiro para os megaeventos;
> (ii) incrementar a geração de divisas e a chegada de turistas estrangeiros;
> (iii) incentivar o brasileiro a viajar pelo Brasil; e
> (iv) melhorar a qualidade e aumentar a competitividade do turismo brasileiro.
> (Brasil, 2013, p. 64)

Percebemos, portanto, que em um período de tempo relativamente curto houve mudanças significativas na atuação do Estado e na articulação dele com os atores sociais, sendo pertinente a análise das regras produzidas e não da quantidade de setores que aderiram a elas.

O Quadro 4.1 demonstra a evolução do turismo no país, levando em conta as fases abordadas.

Quadro 4.1 – **Evolução do turismo no Brasil**

Período	Vinculação institucional e marcos da intervenção governamental no turismo
1937–1945	» Proteção de bens históricos e artísticos nacionais. » Fiscalização de agências e venda de passagens.
1946–1947	» Criação do Ministério da Justiça e Negócios Interiores.
1948–1958	» Criação do Ministério do Trabalho, Indústria e Comércio. » Intervenção estatal na criação de órgãos e instituições normativas e executivas, na produção do espaço e planejamento do território. » Início do planejamento do turismo em nível nacional (criação da Combratur).
1959–1962	» Subordinação direta da Combratur à presidência da república.

(continua)

4 Políticas públicas e o turismo

(Quadro 4.1 – continuação)

Período	Vinculação institucional e marcos da intervenção governamental no turismo
1963–1966	» Criação do Ministério do Desenvolvimento, Indústria e Comércio Exterior (Divisão de Turismo e Certames do Departamento Nacional do Comércio). » Criação da Embratur e do CNTur. » Definição da Política Nacional de Turismo.
1971	» Criação de incentivos fiscais, como o Fundo Geral do Turismo (Fungetur).
1977	» Criação da Lei n. 6.505, de 13 de dezembro de 1977 (Brasil, 1977a), que dispõe sobre atividades e serviços turísticos, estabelecendo condições para funcionamento e fiscalização (atualmente revogada). » Criação da Lei n. 6.513, de 20 de dezembro de 1977 (Brasil, 1977b), que dispõe sobre a criação de áreas de interesse turístico.
1985–1986	» Criação do Programa Passaporte Brasil para a promoção do turismo interno. » Estímulo à criação de albergues.
1987	» Incorporação das questões ambientais na formulação das políticas públicas. » Lançamento, pela Embratur, do turismo ecológico como novo produto turístico brasileiro.
1988	» Menção ao turismo na Constituição Brasileira, a qual atribui responsabilidades iguais a todos os níveis governamentais.
1992	» Criação do Ministério da Indústria, do Comércio e do Turismo: › Revitalização do Fungetur; › Apresentação do Plano Nacional de Turismo.
1993–1994	» Lançamento de diretrizes para uma Política Nacional de Ecoturismo. » Incorporação dos princípios de descentralização governamental do turismo por meio do PNMT.
1996–2002	» Criação do Ministério do Esporte e Turismo: › Instalação dos comitês Visit Brazil, maiores investimentos em *marketing* e divulgação no exterior. › Flexibilização da legislação (resultando na queda das tarifas aéreas e no início de cruzeiros com bandeira internacional pela costa brasileira).

(Quadro 4.1 – conclusão)

Período	Vinculação institucional e marcos da intervenção governamental no turismo
2003– Atualmente	» Criação do Ministério do Turismo: 　› Incorporação da Embratur e nova organização administrativa do turismo em nível nacional. 　› Criação do Conselho Nacional de Turismo. 　› Lançamento dos Planos Nacionais de Turismo (2003–2007, 2007–2010, 2013–2016). 　› Implantação do PRT Roteiros do Brasil. 　› Lançamento do Salão Brasileiro de Turismo.

Fonte: Adaptado de Beni, 2006.

Percebemos a importância das políticas públicas de turismo para o desenvolvimento da atividade, fornecendo diretrizes e orientações para o planejamento da área. Especificamente no Brasil, a evolução das políticas de turismo aconteceu de forma lenta, uma vez que o Estado foi somente aos poucos estabelecendo critérios de intervenção no desenvolvimento da atividade e fortalecendo as instituições que cuidariam do planejamento do turismo.

Síntese

As políticas públicas de turismo são ferramentas importantes para o desenvolvimento da atividade, uma vez que estão intimamente relacionadas ao sucesso ou fracasso do setor em determinados destinos. Sendo assim, neste capítulo apresentamos uma abordagem geral acerca das políticas de turismo em âmbito mundial e salientamos a importância que alguns locais dão à sua formulação.

Apresentamos também um breve panorama histórico dessas políticas no Brasil, bem como a importância de cada um dos órgãos federais que, ao longo do tempo, contribuíram para as políticas públicas brasileiras de turismo. Assim, traçamos a forma como os governos percebem o turismo, o ambiente e o contexto dos destinos, e estabelecermos a relação das políticas com o desenvolvimento do setor e compreender os atuais mecanismos de governança e o papel de cada ator dentro dessas políticas.

Questões para revisão

1. Qual é, de acordo com Stynes (1999), uma das ferramentas essenciais para auxiliar a formulação das políticas públicas de turismo? Qual é o instrumento que, segundo Pham, Dwyer e Spurr (2010), possibilita analisá-las?
   a) Análise de impacto econômico e conta satélite do turismo.
   b) Aspecto sociológico e epistemologia do turismo.
   c) Fenômeno do turismo e análise de impacto econômico.
   d) Conta satélite do turismo e rede do turismo.

2. É possível afirmarmos que o turismo no Brasil tem um histórico relativamente recente se comparado a outras áreas, ditas fundamentais, como saúde, educação e saneamento básico. Porém, nas duas últimas décadas, houve um avanço considerável no desenvolvimento das políticas públicas de turismo na agenda do governo federal, permitindo até uma separação em fases da trajetória do setor turístico. Levando em consideração o momento atual das políticas de turismo nacionais, bem como seu histórico, destaque três marcos principais da política de turismo no Brasil e justifique sua resposta, citando a importância de cada um deles para o desenvolvimento turístico nacional.

3. Quais são os três requerimentos básicos do turismo, considerados exigências para que as políticas desempenhem seu papel?
   a) Sustentabilidade, intersetorialidade e envolvimento de múltiplos atores.
   b) Histórico, fases e áreas fundamentais.
   c) Impacto socioeconômico, governos e contextos específicos.
   d) Envolvimento de múltiplos atores, áreas fundamentais e impacto socioeconômico.

Fundamentos do turismo

Marcos Eduardo
Carvalho
Gonçalves Knupp

4. Apresentamos neste capítulo as três fases do turismo no Brasil, de acordo com Panosso Netto, Silva e Trigo (2009), pois em cada uma delas é possível evidenciar marcos importantes que determinam a política desse setor em contextos econômicos e políticos distintos. Descreva cada uma delas levando em conta os aspectos políticos e econômicos do Brasil.
   a) 1ª fase:
   b) 2ª fase:
   c) 3ª fase:

5. Quais foram os integrantes da criação do Decreto-Lei n. 55/1966, considerado muito importante para o entendimento do histórico das políticas de turismo no Brasil?
   a) Política Nacional de Ecoturismo; PNMT; Ministério do Turismo.
   b) CNTur; Embratur; Política Nacional de Turismo.
   c) Embratur; Ministério do Turismo; Plano Aquarela.
   d) PRT; Plano Nacional de Turismo; Ministério do Turismo.

Questão para reflexão

O Brasil tem trabalhado há pouco tempo nas políticas de turismo nacionais de forma mais intensa, formulando ferramentas, estruturando órgãos e, principalmente, investindo recursos para que as políticas públicas de turismo sejam executadas. O Brasil continua longe dos principais destinos turísticos no mundo se considerarmos os rankings *dos países que recebem maior fluxo de turistas estrangeiros. Pesquise e analise uma dessas classificações e reflita, comparando com outros países que estão à frente do Brasil, sobre as razões de outros países terem maior fluxo de turistas estrangeiros. As listagens são facilmente encontradas em relatórios das principais organizações de turismo mundiais.*

Para saber mais

COMISSÃO EUROPEIA DE EMPRESAS E INDÚSTRIA. Disponível em: <http://ec.europa.eu/enterprise/sectors/tourism/index_pt.htm>. Acesso em: 22 abr. 2015.

MINISTÉRIO DO TURISMO. Disponível em: <http://www.turismo.gov.br/>. Acesso em: 22 abr. 2015.

Caso você queira saber mais sobre os temas abordados neste capítulo, indicamos esses sítios que demonstram como a União Europeia e o Ministério do Turismo lidam com a política do turismo e, consequentemente, com o planejamento dessa atividade em seus territórios. Neles podem ser encontrados os mecanismos, os programas e as ações desenvolvidas especificamente para o turismo.

5

O turista e o destino turístico

Após o estudo deste capítulo, você será capaz de:

1. compreender por que o turista é um dos principais atores do setor turístico;
2. estabelecer a relação de consumo do turista com o mercado turístico;
3. analisar o comportamento do turista como uma perspectiva importante para a compreensão da atividade turística;
4. apontar os impactos da atividade turística para os destinos turísticos;
5. propor maneiras de potencializar os impactos positivos da atividade turística e minimizar os negativos;
6. destacar o turismo sustentável como a base para o desenvolvimento da atividade turística.

Conteúdos do capítulo

» Estudo do turista.
» Comportamento do consumidor.
» Destino turístico e suas características.

5 — O turista e o destino turístico

Neste capítulo traremos considerações sobre o **turista** – um dos principais atores do turismo e o responsável pela movimentação da atividade –, abordando, em um primeiro momento, as motivações desse componente sob um viés histórico para, na sequência, tratarmos de suas práticas atuais. Em seguida, discutiremos o comportamento do turista a partir da abordagem de temas referentes ao mercado e ao consumidor, bem como da demanda e de seus elementos potenciais que desencadeiam relações de mercado.

Depois, em um segundo momento, trataremos do ambiente em que ocorre o turismo – o **destino turístico** –, descrevendo os impactos econômicos e a influência da atividade no local onde ocorre o turismo. Em seguida, avaliaremos os impactos socioculturais que atingem as comunidades receptoras e, por fim, os impactos ambientais, com foco no desenvolvimento do turismo sustentável, considerado o pilar principal para que a atividade aconteça sem prejudicar o meio ambiente.

5.1 A motivação do turista

As viagens podem ser alocadas entre as mais antigas necessidades do ser humano. Atualmente, a relação entre deslocamentos humanos e viagens turísticas se constitui em uma das principais atividades do mundo, capaz de impactar todo o setor de serviços da sociedade contemporânea. Sendo assim, podemos realizar análises concernentes à motivação do turista com base em aspectos históricos, psicológicos, religiosos, desportivos e mercadológicos.

Em seu aspecto mercadológico, igualmente a outros tipos de consumidores, o turista está mais propenso a concluir uma transação quanto mais o serviço ou o produto estiver próximo de sua preferência – ainda que a justificativa possa estar baseada em razões práticas, como a qualidade[1], e em razões particulares[2], como o *status*, tornando a demanda um fator essencial para a análise do **comportamento do turista**.

Para compreendermos quais são motivações dos viajantes, é necessário entendermos a psicologia do turismo, uma área ainda em desenvolvimento. A história nos ajuda a entender esse contexto, pois os seres humanos sempre se deslocaram pelos territórios, por diversos motivos. Assim, conhecer essas motivações nos remete a questionar seus fundamentos. Por exemplo: O que motivava os peregrinos medievais? A motivação espiritual, mesmo em um ambiente perigoso para grandes deslocamentos.

Dentro desse campo de estudo, existem alguns fatores relevantes que devemos considerar:

- motivação dos turistas;
- tomada de decisões quanto ao destino;
- satisfação com a viagem;
- aceitabilidade geral das experiências de viagem;
- prazer no ambiente de férias;
- interação com os habitantes locais.

No mundo contemporâneo, os viajantes apresentam diversas necessidades. Nesse sentido, diante das transformações sociais em aspectos políticos, sociais e econômicos, uma das análises principais que pode ser empreendida se dá por meio da consideração do turismo como uma atividade de negócio. Segundo essa perspectiva, o consumidor é o centro

---

1 Geralmente, os consumidores procuram certo padrão de estabelecimento, em relação tanto à estrutura física quanto aos serviços prestados.

2 As razões subjetivas podem se enquadrar na satisfação das pessoas com relação ao sentimento de terem adquirido um serviço diferenciado que poucos têm a oportunidade de obter, o que traz certo prestígio no meio social.

5   O turista e o destino turístico

da atividade, e a chave para o sucesso das empresas desse setor seria o atendimento às necessidades do consumidor que compõe o mercado das viagens (Cooper et al., 2007).

Todos os equipamentos turísticos devem satisfazer as necessidades do consumidor, mas a dúvida é de que forma fazê-lo. Fato é que, se conseguirem suprir as necessidades em pauta, possivelmente os negócios prosperarão. Assim, existe uma área da psicologia do turismo que tenta dar conta de compreender a necessidade do comportamento dos turistas, aquilo que os motiva. Algumas reflexões são importantes:

- Como os turistas tomam decisões?
- O que os turistas pensam dos produtos?
- O quanto os turistas se divertem?
- Como os turistas interagem com o meio ambiente e a comunidade local?
- Como os turistas se satisfazem?

O ponto principal abordado nos estudos sobre consumidores dentro da psicologia do turismo é a **motivação para viagens** (Goeldner; Ritchie; McIntosh, 2002). Para analisarmos esse aspecto, obviamente, devemos fazer perguntas certas, formular questões estimulantes e desafiadoras para compreendermos os turistas ou, ainda melhor, a demanda turística como um todo. A simples questão "Por que os turistas viajam?" é a forma abstrata que nos direciona a responder questões mais específicas, dirigidas a certos grupos de pessoas, em busca de certos tipos de experiências, que são mais bem aproveitadas para pesquisas a respeito do consumidor.

Há a necessidade do desenvolvimento de uma teoria nesse campo, capaz de organizar o conhecimento existente em uma nova perspectiva; uma teoria que seja capaz de prever as direções futuras da ação humana por meio do método científico, compilando listas de pesquisa.

Podemos elencar sete pontos necessários para a elaboração de uma boa teoria sobre a motivação turística, para a qual é necessário definir, de acordo com Goeldner, Ritchie e McIntosh (2002):

1. o papel da teoria;
2. a propriedade e o apelo da teoria;
3. a facilidade de comunicação;
4. a capacidade de avaliar as motivações das viagens;
5. a abordagem (multimotivacional ou de característica única);
6. o estilo da abordagem (dinâmica ou instantânea);
7. os papéis das motivações extrínsecas e intrínsecas.

Muitos autores tentaram realizar modelos para pesquisas sobre a motivação dos viajantes. De modo direto, podemos afirmar que a preocupação dos viajantes será atribuída ao relacionamento durante a viagem, à autoestima e ao autodesenvolvimento. Por fim, destacamos três principais fontes de informação que ajudam a responder aos questionamentos sobre a motivação: os relatos históricos e literários de viagem; a psicologia; e as práticas atuais de pesquisa de mercado. A seguir, trataremos de cada um desses instrumentos.

5.1.1 Relatos históricos e literários de viagem

Os relatos históricos e literários de viagem fazem parte do campo da história. São os historiadores que fornecem, selecionam, documentam e pesquisam a razão de os viajantes empreenderem suas jornadas. Por exemplo: há a investigação da razão pela qual os povos viajavam. Os romanos, por exemplo, estavam em busca de comida e bebida farta. Já outros povos se deslocavam para conhecer grandes monumentos, como as pirâmides. Outros eram motivados por uma busca espiritual ou viajavam em prol da reafirmação de seu *status* social.

Por meio dos relatos históricos, é possível inferir dados relevantes. Atualmente, o turismo é um fenômeno mundial com várias diferenciações em termos de destinos. Embora existam inúmeras destinações, algumas formas históricas – como viagem para mudança de ambiente, curiosidade cultural, espiritualidade, educação, prestígio social e busca pela saúde – devem continuar a embasar as pesquisas atuais.

O cenário turístico contemporâneo pode ser descrito por figuras literárias, tais como as descrições feitas por viajantes como Marco Polo, que, por meio de seus relatos históricos e literários de viagens, retratou regiões da África, do Oriente Médio e da Ásia. Sendo assim, os relatos históricos são pano de fundo para o entendimento atual das motivações, pois trata-se de um campo de estudos instigante para os pesquisadores.

5.1.2 Contribuições da psicologia

A psicologia é uma área específica de pesquisa. Sua origem data de 1879, com a construção de um laboratório na Alemanha para o estudo científico do comportamento humano. De acordo com Goeldner, Ritchie e McIntosh (2002, p. 178), "Durante suas próprias viagens, feitas com o propósito de estudar o comportamento humano, os estudiosos e pesquisadores da psicologia têm abordado, muitas vezes, o tópico da motivação humana".

A psicologia aborda com profundidade o fenômeno da motivação humana, abrangendo, no estudo dessa temática, inferências que vão desde a fisiologia, em especial o sistema nervoso, até abordagens antropológico-culturais. O estudo da motivação na área da psicologia direciona-se para a personalidade humana, a fim de verificar o que torna os indivíduos diferentes uns dos outros.

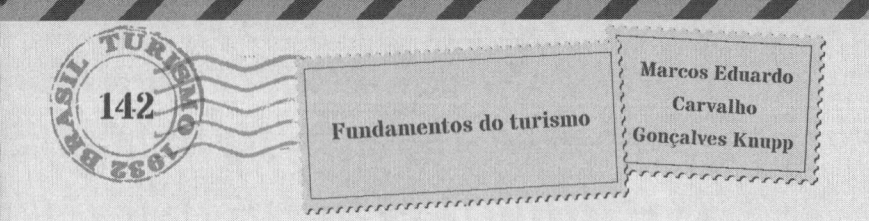

5.1.3 Práticas atuais de pesquisa de mercado

As pesquisas de mercado são constituídas em geral por perguntas básicas e padronizadas referentes ao tipo de viagem feita pelo indivíduo (viagem de negócios, de férias, de visita a amigos ou motivada por convenções, por exemplo). As informações angariadas se tornam ferramentas que auxiliam a compreensão do mercado e, consequentemente, da demanda turística e do consumidor. As questões mais específicas para a pesquisa de mercado podem se dividir em dois aspectos: os **benefícios** e as **recompensas** de uma viagem.

Tanto as análises estatísticas quanto as qualitativas nos permitem compreender a demanda de determinados mercados. Pesquisadores oferecem, muitas vezes, uma lista com atributos que eles julgam ser importantes sobre a imagem da destinação.

5.2 O comportamento do consumidor

Ações específicas calcadas nas formas de consumo dos turistas são extremamente necessárias para a eficácia do gerenciamento do setor turístico. Temos de conhecer as diferenças entre os indivíduos, o que pode ser conseguido por meio da análise de atitudes, percepções, imagens e motivações diversas, uma vez que os comportamentos dos consumidores são dos mais diversos (Goeldner; Ritchie; McIntosh, 2002).

Nesse sentido, o turismo deve estudar a demanda em seu setor dando enfoque para a área de psicologia, uma vez que ela traz considerações específicas para esse tipo de análise, especificamente em relação ao comportamento do consumidor – que, na atividade turística, é o visitante (turista/excursionista).

Estudamos o comportamento do consumidor para descobrir:

» as **necessidades** e os **motivos** para a aquisição de uma compra, bem como o **processo de decisão** envolvido;
» o impacto das **táticas promocionais**;
» a **percepção de risco** em aquisições turísticas;
» os diferentes **segmentos de mercado**;
» o modo como os administradores poderão obter **sucesso em *marketing***.

As diferenças entre os padrões de consumo, separados em quatro elementos básicos, são influenciadas por diversas variáveis:

1. **Energizadores de demanda**: forças de motivação.
2. **Efetivadores de demanda**: desenvolvimento de ideias a partir de informação (mensagens promocionais).
3. **Papel e processo de decisão**: função daquele que participa dos vários processos de decisão e o resultado de cada ação.
4. **Determinantes da demanda**: elementos que sustentam o processo de tomada de decisão.

A seguir, veremos mais detalhadamente as diferenças e a relação entre esses quatro elementos. Na sequência, analisaremos o processo de decisão do turista e descreveremos os fatores que podem determinar a demanda.

5.2.1 Energizadores e efetivadores de demanda

A motivação pode significar o início de um movimento ou a indução para que uma pessoa possa agir. Nesse sentido, destaca-se o modelo de hierarquia de Maslow, a teoria de motivação mais conhecida, que tem por base as necessidades individuais. Para Maslow, de acordo com Cooper et al. (2007), existem dois tipos motivacionais: a **redução de tensões** e a **busca da excitação**.

Além de Maslow, entre os estudiosos da motivação em turismo mais conhecidos estão Graham Dann, Charles Goeldner, Brent Ritchie, Robert McIntosh e Stanley Plog (Cooper et al., 2007).

Conforme Cooper et al. (2007), Dann aponta que existem sete elementos a serem considerados em uma abordagem geral da motivação:

1. experimentação de diferentes fenômenos do cotidiano;
2. atração da destinação, fantasia;
3. comportamentos que não seriam aceitos em seu meio doméstico;
4. propósito classificado (categoria ampla: visitar amigos, estudar etc.);
5. tipologias (comportamentais e papel do turista);
6. motivação e experiências turísticas (autenticidade da experiência);
7. autodefinição (forma como o turista define sua situação).

Goeldner, Ritchie e McIntosh (2002), por sua vez, dividem a motivação em quatro categorias:

1. **motivadores físicos** (relaxamento do corpo, esporte, saúde);
2. **motivadores culturais** (contato com outras culturas);
3. **motivadores interpessoais** (contato com novas pessoas);
4. **motivadores de *status* e prestígio** (satisfação do ego, obtenção do reconhecimento de outras pessoas).

Por fim, temos os tipos psicográficos inter-relacionados de Plog (Cooper et al., 2007). Para esse estudioso, a maioria da população está entre dois extremos: o psicocêntrico (autocentrado), no qual o indivíduo centra pensamentos nas pequenas áreas da vida (padrões conservadores de viagens); e o alocêntrico, em que os indivíduos, aventureiros, raramente voltam ao mesmo local. Com qual dos modelos vocês se identifica mais?

Resumidamente, a motivação para as viagens está relacionada à necessidade dos viajantes, com destaque para aspectos sociológicos ou psicológicos (motivações específicas de cada pessoa), e à imagem da destinação, criada por meio de canais de comunicação.

5.2.2 Os papéis e o processo de decisão

Compreender os papéis dos turistas e fornecer uma visão sobre o processo de escolha de diferentes segmentos de consumidores é uma tarefa essencial para entendermos o fenômeno do turismo. Nesse sentido, Goffman desenvolve ideias essenciais ao considerar que os indivíduos se comportam de maneiras diferentes em situações distintas (Cooper et al., 2007). Portanto, os participantes de uma atividade qualquer variam seu comportamento de acordo com a natureza e o contexto da atividade. Os papéis individuais podem ser identificados e administrados de acordo com as circunstâncias sociais, ao passo que os atributos de personalidade (atitude, percepções e motivação) permitem a identificação de diferentes papéis (Cooper et al., 2007).

Cohen classifica os sujeitos em: a) grupos organizados, b) pacotes individuais e c) pessoas que encarnam a figura do explorador e do andarilho, o que nos remete a uma outra noção acerca da categorização das decisões (Cooper et al., 2007). Também é necessário estarmos atentos à influência da família (unidade compradora composta), pois cada membro tem papel específico, e a tomada de decisão nesse caso pode ser compartilhada ou caber a uma só pessoa.

A importância da imagem também deve ser levada em consideração – a visão de mundo é feita de experiências, aprendizados, emoções e percepções, proporcionando-nos avaliação cognitiva e conhecimento e produzindo, assim, uma imagem específica. Nesse sentido, a imagem que o turista tem do destino é apenas um aspecto da imagem geral da destinação.

Finalmente, importa-nos a imagem que sujeitos distintos fazem de aspectos diversos da realidade turística, como a imagem que uma pessoa faz de suas férias. Existe, ainda, uma variedade de outras imagens (quanto ao transporte, à agência de viagem etc.). Será que pessoas semelhantes podem ter imagens semelhantes?

5.2.3 Determinantes da demanda

Os determinantes da demanda são os **parâmetros de possibilidade** dos indivíduos, que podem ser divididos em dois grupos, embora estejamos tratando de fatores inter-relacionados e complementares:

1. estilo de vida (renda, emprego, direito a férias, grau de instrução e mobilidade);
2. ciclo de vida (idade e circunstâncias domésticas).

No entanto, é necessário destacarmos que viajar é, relativamente, uma atividade cara. Existem também a falta de tempo característica da contemporaneidade, as limitações físicas, as circunstâncias familiares, as restrições governamentais e, ainda, a falta de interesse e o medo de experimentar o novo.

5.3 O destino turístico

O destino turístico pode ser considerado o principal foco de análise para compreender a atividade turística, pois o cerne da atividade encontra-se nesse elemento. Para Hall, Cooper e Trigo (2011, p. 72), "Destinos turísticos são, portanto, descritos em diferentes escalas, que vão do campo às regiões, cidades ou *resorts*, áreas específicas e até mesmo atrações específicas que são visitadas pelos turistas". De acordo com os referidos autores, para a análise desse elemento, podemos utilizar do conceito espacial ou geográfico definido principalmente pelos visitantes de fora do local; ou seja, o destino é constituído como tal pelas pessoas que o visitam (Hall; Cooper; Trigo, 2011).

Apresentaremos, a seguir, os principais impactos decorrentes da atividade turística para os destinos.

5.3.1 Impactos econômicos

As vantagens econômicas são as principais forças propulsoras para o desenvolvimento do turismo. As despesas são reais como em qualquer outra forma de consumo, por meio de importação e exportação de turistas e oferta e demanda de produtos e serviços do ramo. Nesse sentido, o turismo internacional é mais fácil de ser medido? Se sim, por quê? A resposta óbvia seria a de que a alfândega e o câmbio de moeda, entre outros elementos, facilitam a medição desse tipo de turismo – ao contrário do turismo nacional, que é difícil de ser medido, pois a mensuração das viagens domésticas deve ser feita por ordenamentos locais, como nos municípios e estados.

Uma maior precisão quanto aos gastos somente pode ser alcançada com pesquisas específicas de gastos, que exigem muito tempo e dinheiro para serem realizadas. Para análises de impactos econômicos, é necessário dispor de fluxos constantes de dados sobre despesas.

O turismo faz parte do setor de serviços e movimenta o Produto Interno Bruto (PIB) de países em desenvolvimento e desenvolvidos. Ainda assim, o setor de serviços continua sendo negligenciado em livros de economia.

O estudo do significado econômico do turismo tem duas perspectivas:

1. possibilidade de avaliação em termos da proporção global de visitantes de cada país (somando os países, é possível mensurar o volume de viagens em termos mundiais);
2. possibilidade de exame em termos de sua importância econômica para cada local.

A geração de impactos econômicos decorrente dos gastos com o turismo pode ser avaliada de acordo com os seguintes dados:

» o quanto os turistas gastam, considerando que há uma grande variedade de mercadorias e serviços;
» o dinheiro gasto, que pode ser visto como uma injeção de demanda na economia receptora;
» o valor das despesas com o turismo, considerando que ele é apenas parte do quadro de impacto econômico.

Sobre os efeitos do turismo na economia, ressaltamos aqueles que afetam diferentemente as áreas que abrangem a atividade. Os **efeitos diretos** ocorrem nos setores primários do turismo, tais como hospedagem, restaurantes, transportes, atrativos e comércio varejista. Os **efeitos indiretos** e os **induzidos** são chamados coletivamente de *efeitos secundários*, pois eles afetam uma ampla gama de setores da economia; por meio desses efeitos, o impacto econômico atinge outras áreas, como fornecedores e fábricas de insumos para os setores primários do turismo. Portanto, há de se ponderar a abrangência desses efeitos (Stynes, 1999; Cooper et al., 2007; Pham; Dwyer; Spurr, 2010; Dwyer; Forsyth; Papatheodorou, 2011).

Sendo assim, **o impacto econômico total do turismo é a soma dos efeitos diretos, indiretos e induzidos de uma região**. Qualquer um desses impactos pode ser medido, como a produção bruta de vendas, a renda, o emprego ou o valor acrescentado.

Os **efeitos diretos** são alterações nas produções associadas com os efeitos imediatos nos gastos do turismo. Por exemplo: um aumento no número de turistas que se hospedam em hotéis durante a noite também representaria um aumento direto das vendas no setor de hotelaria. As vendas adicionais do hotel e suas alterações em pagamentos para salários, impostos, fornecimentos e serviços são efeitos diretos da despesa turística (Stynes, 1999).

Os **efeitos indiretos** são as alterações na produção, resultantes de vários ciclos de gastos e receitas da indústria hoteleira em outras indústrias diretamente ligadas a ela, como as indústrias fornecedoras de produtos e serviços. Alterações nas vendas, nos empregos e na renda do setor de abastecimento de linho e confecção de rouparia para hotéis, por exemplo, representam os efeitos indiretos das alterações nas vendas de um hotel. As empresas fornecedoras de produtos e serviços para a indústria de fornecimento de linho representam mais uma rodada de efeitos indiretos, eventualmente ligando hotéis em graus variados a muitos outros setores econômicos de uma região (Stynes, 1999).

Os **efeitos induzidos** são as variações na atividade econômica decorrentes de gastos das famílias oriundos dos rendimentos do trabalho, direta e indiretamente, resultantes de gastos do turismo. Os funcionários da área de abastecimento de linho para hotéis, por exemplo, apoiados direta ou indiretamente pelo turismo, gastam sua renda na região com moradia, alimentação, transporte e os habituais produtos domésticos e necessidades de serviço. As vendas, a renda e os postos de trabalho que resultam dos salários e dos gastos das famílias ou a renda do proprietário são os efeitos induzidos (Stynes, 1999).

Os efeitos econômicos negativos do turismo podem estar relacionados à produção de mercadorias e serviços turísticos que requerem o comprometimento de recursos – por exemplo, mão de obra rural e urbana. Também por meio do efeito de deslocamento, por exemplo, novas empresas podem deslocar o ganho das empresas já existentes, assim como os ganhos de determinadas localidades ou regiões.

A medição do impacto econômico por meio de estimativas baseadas em despesas ou receitas turísticas pode ser imprecisa e enganosa. Há de se atentar para duas perspectivas de análises: das **despesas turísticas** ou do **desenvolvimento do turismo**. Diversas metodologias podem ser utilizadas para pesquisas nessas duas perspectivas de análise.

Em relação aos valores multiplicadores, podemos considerar as análises sobre vendas de uma firma que requerem compras de outras empresas dentro da economia local (Cooper et al., 2007). A expressão *multiplicador turístico* refere-se à relação de duas mudanças: a mudança de uma variável fundamental (renda, emprego ou receitas governamentais) relacionada à mudança nas despesas turísticas. Existem cinco tipos de multiplicadores:

1. **Multiplicador de vendas** – Quantidade de receita empresarial criada em uma economia (vendas de produtos).
2. **Multiplicador de produto** – Quantidade de produto adicional gerado pelo aumento das despesas turísticas (produção de produtos).

3. **Multiplicador de renda** – Quantidade de renda adicional (salários, aluguel, juros e lucros) criada em uma economia como resultado das despesas turísticas.
4. **Multiplicador de emprego** – Quantidade total de emprego gerado (tanto por um setor ou um empreendimento quanto pelo total em um local, região ou país).
5. **Multiplicador de receita do governo** – Impacto sobre a receita do governo.

Diante dos apontamentos em relação ao impacto econômico do turismo, podemos verificar a diversidade das abordagens que fundamentam esse tipo de repercussão. Seus efeitos diversos indicam uma forma de contextualizar a importância da economia do turismo em relação aos produtos e serviços que essa atividade turística movimenta, demonstrando assim a força da atividade como multiplicadora de compra e venda dentro de uma economia.

5.3.2 Impactos socioculturais

O turismo é um serviço pessoal que só é consumido no próprio local de consumo. Os visitantes entram em contato com os habitantes locais, movimento que apresenta um lado negativo e outro positivo. A literatura do turismo, principalmente, se concentra nos aspectos negativos desse tipo de impacto.

O estudo dos impactos socioculturais se desdobra em diversas maneiras de examinar as relações entre o desenvolvimento do turismo e as mudanças socioculturais e socioeconômicas. A evolução do produto turístico está diretamente relacionada ao desempenho da economia – trata-se da teoria centro-periferia, ligada ao tipo de atividade turística.

Consequentemente, será parcialmente determinada pela natureza da destinação e pelas características socioeconômicas dos visitantes.

A tipologia dos turistas nos ajuda a caracterizá-los de acordo com um fenômeno particular. Nesse ponto, surge o questionamento: Mudanças socioculturais ou socioeconômicas são sempre maléficas? A opção por desenvolver a atividade turística deve ser sempre da comunidade anfitriã que recebe os turistas e os impactos diretos da atividade.

O desenvolvimento turístico e seu impacto na comunidade receptora podem ser classificados em três subconjuntos: processo de desenvolvimento do turismo; bases psicológicas desse desenvolvimento; e aspectos sociológicos de sua evolução.

O **processo de desenvolvimento do turismo** indica as fases do produto turístico, de sua infância até sua maturidade:

1. Descoberta da área ou da destinação.
2. Oferecimento de instalações por meio dos empreendedores locais.
3. Fornecimento de infraestrutura nova ou melhorada por meio do setor público.
4. Desenvolvimento do turismo de massa.

As **bases psicológicas do desenvolvimento do turismo**, campo no qual se encontra a abordagem de Plog (Cooper et al., 2007), ajudam a desenvolver uma análise adequada sobre o turismo com base nas motivações dos turistas – estudo que se inicia com os alocêntricos e finaliza com os psicocêntricos. Já os **aspectos sociológicos do desenvolvimento do turismo** podem ser divididos em *fenômeno social* e *bases socioeconômicas*. Estas se concentram na relação entre os turistas e as comunidades anfitriãs e podem estar enfocadas na perspectiva da comunidade local, de anfitriões ou autóctones, como sugerem alguns autores.

Vários fatores do mundo moderno ajudaram no crescimento do turismo; entre eles, destacamos o impulso e a atração pelos destinos (como superpopulação e eventos) e os fatores que influenciam a preferência das pessoas (idade, educação, renda e experiências anteriores).

O contato direto entre os turistas e as comunidade acontece, geralmente, na compra de mercadorias e serviços, no compartilhamento da mesma estrutura e, finalmente, na realização de um intercâmbio cultural. O nível de desconforto gerado pelo contato turista–anfitrião vai desde a euforia, passando por apatia, irritação e antagonismo, e chega ao estágio final, que é o rompimento. Finalmente, existem também os impactos socioculturais específicos em relação a sexo, crime, saúde, mercantilização e autenticidade encenada.

5.3.3 Impactos ambientais

O ambiente, elemento fundamental do produto turístico, pode ser tanto natural quanto artificial – ou, em geral, uma mistura dos dois. Partimos do pressuposto de que a atividade turística modifica o ambiente, tornando-se extremamente necessária a **preservação**, que deve ser planejada por meio de uma estratégia de desenvolvimento. Atualmente, existem estudos empíricos muito específicos que versam sobre os impactos ambientais da atividade turística, mas ainda falta uma estrutura abrangente de agenda de pesquisas que podem se converter em abordagens mais generalistas.

Como forma de orientação geral para o estudo do impacto ambiental do turismo, é necessário atentarmos para alguns elementos: os **impactos criados**, as **condições anteriores ao turismo** e o **inventário da flora e da fauna**.

Assim como os impactos econômicos, os ambientais também devem ser considerados em termos diretos, indiretos e induzidos, além de também apresentarem caráter positivo e negativo. Afinal, toda forma de turismo gera impacto; não é possível desenvolver a atividade sem impactar ambientalmente os destinos.

Como impactos positivos, podemos destacar a preservação e a restauração de monumentos históricos, a criação de parques, a proteção de recifes e praias e a manutenção de florestas. Já como impactos negativos, destacamos a caça e a pesca descontroladas, a erosão em dunas e caminhos, a vegetação destruída pelas caminhadas, a poluição sonora, das águas e do ar, o aumento do lixo em locais impróprios e a construção de imóveis em locais inapropriados.

Nesse sentido, há uma ferramenta bastante utilizada para a estimativa dos impactos ambientais, denominada *avaliação de impacto ambiental* (AIA). Porém, não existem modelos de aceitação geral entre os estudiosos, que ainda buscam uma agenda que contemple as diversas práticas de avaliação desse tipo de impacto.

Verificamos, assim, que existem poucos atos legislativos ou órgãos capazes de salvaguardar o meio ambiente. Por isso, é necessário conhecer a motivação da AIA antes de selecionar uma metodologia específica, que avaliará o impacto de um empreendimento sobre certa área ou espécie característica.

É preciso comparar os tipos de empreendimentos para avaliar a melhor forma de minimizar os impactos ambientais, além de realizar uma avaliação holística para saber os efeitos das ações sobre o ambiente local. Uma vez que forem conhecidas as consequências ambientais de nossas ações, fica mais fácil utilizar com segurança os recursos limitados do nosso planeta (Cooper et al., 2007). O processo da AIA, a qual investiga mecanismos para minimizar os impactos, é a base para a busca de uma atividade turística ambientalmente mais responsável. É necessário identificar cedo os impactos ambientais do turismo por causa de dois motivos principais:

1. É mais fácil evitar do que corrigir o dano ambiental.
2. Projetos que necessitam de áreas com grande beleza natural podem tornar-se inviáveis se houver degradação.

Portanto, como desdobramento desse processo, é necessário considerar os impactos potenciais, tanto diretos quanto indiretos. Isso pode ser feito por meio de uma lista com os elementos fundamentais que estão em risco. Essa lista formará a base de uma matriz de AIA para os empreendimentos (impactos pequeno, moderado e grande). A AIA deve conter:

» procedimentos de auditoria ambiental;
» limitações aos recursos naturais;
» problemas e conflitos ambientais do projeto;
» possíveis efeitos prejudiciais nos arredores do projeto.

Posteriormente, deve-se apresentar a proposta do empreendimento para ser avaliada pelos órgãos responsáveis pela política ambiental do destino ou pelos órgãos fiscalizadores. Em geral, essa proposta é denominada *auditoria ambiental*, um processo contínuo de monitoramento e avaliação que se difere da AIA: esta, exigida pela lei, é feita de estudos únicos; já a auditoria, voluntária, é um processo contínuo.

Finalmente, percebemos como o impacto ambiental se configura como um elemento imprescindível a ser considerado nos estudos da atividade turística.

5.3.3.1 Turismo e sustentabilidade

O tema da sustentabilidade se posiciona dentro da questão ambiental e, por isso, é necessário atentar para o significado de *ambientalismo*, termo criado inicialmente pelos militantes e estudiosos que se organizaram para denunciar agressões e defender os ecossistemas e que foi se ampliando gradualmente e conquistando novos espaços até se tornar o movimento multissetorial que conhecemos atualmente. Hoje, o foco ampliou-se para preocupações e temáticas que vão muito além das que orientaram o movimento em seu início, partindo para questões como ecologia política, demografia, relação entre pobreza e ecologia, aspectos técnico-científicos, ética, relações norte–sul e busca por um novo modelo de desenvolvimento (Lima, 1997).

Historicamente, a década de 1970 foi palco de diversos encontros marcantes de especialistas para a discussão sobre a questão ambiental. A preocupação com o meio ambiente fez surgir conferências que marcaram épocas e redesenharam um perfil dentro da comunidade global – pessoas que se preocupam com a preservação do meio ambiente e discutem sobre ela. Dessa forma, surge o conceito de *desenvolvimento sustentável*, que vem como contraposição ao crescimento desordenado da população mundial.

Em 1972, como já destacamos, dois eventos delimitaram correntes: o Clube de Roma e a Conferência de Estocolmo. O primeiro sugere o congelamento do crescimento da população global e do capital industrial; o segundo traz uma crítica ambiental ao modo de vida contemporâneo, buscando educar para a preservação do meio ambiente. Ambos defendem a necessidade de que a qualidade de vida ande de mãos dadas com a preservação ambiental.

A repercussão dessa discussão culminou em outros eventos, como o Encontro de Belgrado, realizado em 1975 pela Organização das Nações Unidas para a Educação, a Ciência e a Cultura (Unesco) e que discutiu a educação ambiental; e a primeira Conferência Intergovernamental sobre Educação Ambiental, realizada pela Unesco e pelo Programa das Nações Unidas para o Meio Ambiente (Pnuma) em Tbilisi, no ano de 1977, quando foram elaborados objetivos, princípios, estratégias e recomendações para a educação ambiental (Lima, 1999). De acordo com Jacobi (2003), foi a partir dessa conferência que teve início um amplo processo em nível global, cuja finalidade era instituir condições para formar "uma nova consciência sobre o valor da natureza e para reorientar a produção de conhecimento baseada nos métodos da interdisciplinaridade e nos princípios da complexidade" (Lima, 2003, p. 190).

Outros eventos importantes foram a Conferência Internacional de Moscou e a publicação do Relatório de Brundtland, ambos de 1987. O primeiro também foi promovido pela Unesco e pelo Pnuma e teve como foco a educação ambiental, fazendo um balanço dos avanços e propondo estratégias de âmbito internacional. O relatório foi elaborado pela Comissão das Nações Unidas sobre Meio Ambiente e Desenvolvimento (Cnumad), criada pela Organização das Nações Unidas (ONU), que defende o desenvolvimento sustentável, sendo novamente destacada a importância da educação ambiental.

Mais adiante, em 1992, aconteceu a Rio-92, evento em que foi elaborado o Tratado de Educação Ambiental para Sociedades Sustentáveis e Responsabilidade Global, no qual foi exposto um plano de ação para educadores ambientais, estabelecendo uma relação entre as políticas públicas de educação ambiental e a sustentabilidade, que é tida como uma referência para ações políticas e estudos teóricos (Lima, 1999). Todos esses eventos induziram à formação de diversas correntes ambientalistas.

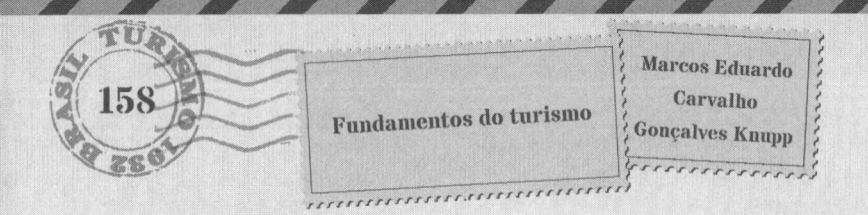

Analisando a pluralidade de correntes ambientalistas, é evidente que estão ocorrendo mudanças no tratamento que se tem dado às questões ambientais, mesmo que sejam somente conceitos norteadores de um pensamento que talvez seja utópico – por exemplo, o desenvolvimento sustentável no modelo capitalista de produção. É inegável, no entanto, que essa mensagem, tão urgente, poderá amadurecer dentro da consciência de cada pessoa.

Dentro desse tema, o turismo sustentável começou a ser explorado como uma maneira mais adequada de desenvolvimento da atividade turística. A Organização Mundial de Turismo (OMT) traz a seguinte definição de *turismo sustentável*:

> O desenvolvimento do turismo sustentável atende às necessidades dos turistas de hoje e das regiões receptoras, ao mesmo tempo em que protege e amplia oportunidades para o futuro. É visto como um condutor de gerenciamento de todos os recursos, de tal forma que as necessidades econômicas, sociais e estéticas possam ser satisfeitas, sem desprezar a manutenção da integridade cultural, dos processos ecológicos essenciais, da diversidade biológica e dos sistemas que garantem a vida. (OMT, 2003, p. 24)

O turismo é, portanto, um campo que se relaciona diretamente com a questão ambiental, pois a compreensão que temos, atualmente, é que devemos trabalhar a atividade sobre os moldes do turismo sustentável – não como um segmento, mas como uma linha de desenvolvimento geral de toda atividade.

Síntese

Neste capítulo final, abordamos duas perspectivas fundamentais para a compreensão do turismo: o turista e o destino. Estudamos os elementos que fundamentam a análise sobre a motivação dos turistas e os tipos de ferramentas que auxiliam nessa percepção, que são os relatórios históricos, a psicologia e as pesquisas de mercado. Embora exista um incrível potencial de estudo a partir dessa perspectiva, vemos que essa área ainda está se consolidando. Quando se trata de demanda, é necessário conhecer as necessidades e os motivos que levam as pessoas a adquirir determinado bem, a fim de fundamentar como os desejos devem ser alcançados e buscar o melhor para a experiência de cada indivíduo.

Quanto ao destino turístico, local onde ocorre a atividade turística, é necessário contar com uma visão abrangente das interferências da atividade no contexto do lugar. Em razão disso, tratamos dos ambientes naturais e artificiais, dos aspectos econômico e sociocultural e das dimensões fundamentais para compreender a relação entre turismo e espaço. Naturalmente, esses impactos podem ser tanto positivos quanto negativos – e, por isso, exigem análise e planejamento, para que, quando forem negativos, não incidam nos destinos nem os degradem, uma vez que essas interferências levam à destruição do potencial turístico local. Quando encontramos efeitos positivos, podemos estudar de que modo eles podem ser mais bem aproveitados pelos atores locais.

Questões para revisão

1. Indicando no mínimo três elementos do turismo e um modelo (elementos básicos, categorias) de algum teórico que disserte sobre a motivação do turista, responda a seguinte questão: Como os turistas tomam decisões para a escolha dos elementos citados em sua viagem?

2. Imagine que você realizará uma pesquisa que investiga o comportamento do consumidor. Primeiramente, escolha um tipo específico de equipamento turístico (organização pública ou privada) para o qual a pesquisa está sendo realizada. Em seguida, descreva brevemente a natureza e as funções desse equipamento e especifique algumas

informações acerca da pesquisa que ele está desenvolvendo (pesquisa "de que", "para saber o que" etc.). Por fim, formule no mínimo quatro questões, estimulantes e desafiadoras, para essa pesquisa.

3. Quais são as três principais fontes de informação que nos auxiliam a compreender a motivação para as viagens?
   a) A disciplina de psicologia; as razões práticas das viagens; os relatórios históricos e literários de viagens.
   b) As razões práticas das viagens; as razões particulares das viagens; a psicologia do turismo.
   c) Os relatórios históricos e literários de viagens; a disciplina de psicologia; as práticas atuais de pesquisa de mercado.
   d) As práticas atuais de pesquisa de mercado; as razões práticas das viagens; as razões particulares das viagens.

4. É inegável que a atividade turística impacta os destinos de diversas formas e em variados contextos. Relacione os impactos da atividade turística (econômico, ambiental e sociocultural) com suas principais consequências:
   a) Impactos ambientais – lixo acumulado; poluição sonora; especulação imobiliária.
   b) Impactos econômicos – aumento de preços no comércio; especulação imobiliária; efeito de deslocamento de empresas.
   c) Impactos socioculturais – encenação das manifestações culturais; aumento da criminalidade; poluição sonora.
   d) Impactos ambientais – erosão em caminhos e dunas; caça e pesca descontrolados; aumento de preços no comércio.

5 O turista e o destino turístico

5. Considere as imagens a seguir:

Crédito: Rubens Chaves/Pulsar Imagens

Crédito: Leo Caldas/Pulsar Imagens

Crédito: Fotolia

Crédito: Fotolia

As imagens demonstram possíveis impactos causados pelo turismo. Discorra sobre os impactos gerados pela atividade turística nesses contextos, demonstrando tanto o lado positivo quanto o lado negativo da atividade.

Questão para reflexão

A relação entre turista e destino sempre foi uma questão delicada no contexto do planejamento turístico. Porém, ela é intrínseca ao fenômeno do turismo e não pode ser dele separada – um não existe sem o outro. Importantes autores afirmam que o destino é constituído como tal pelas pessoas que o visitam. No entanto, é notório que esses destinos já se constituíam e ainda se constituem como locais com características ambientais, socioculturais e econômicas singulares antes de serem destinos turísticos. Sendo assim, reflita sobre o modo como um profissional de turismo deve pensar nessas questões e conciliar a demanda de turistas com as propriedades de cada destino. Qual seria o principal desafio desse processo?

Para saber mais

GSTC – Global Sustainable Tourism Council. Disponível em: <https://www.gstcouncil.org/>. Acesso em: 22 abr. 2015.

SDT – Sustainable Development of Tourism. Disponível em: <http://sdt.unwto.org/>. Acesso em: 22 abr. 2015.

SUSTAINING TOURISM. Disponível em: <http://www.sustainabletourism.net/>. Acesso em: 22 abr. 2015.

Caso você queira saber mais sobre os assuntos contemplados neste capítulo, indicamos esses sítios que demonstram a importância da questão da sustentabilidade do turismo. O primeiro é do Conselho Global do Turismo Sustentável, no qual podem ser visualizadas a formação e as ações dessa importante instituição. O segundo e o terceiro *links* direcionam para *sites* de instituições que exercem ações e elaboram projetos específicos em relação ao impacto do turismo, tentando minimizá-lo, bem como torná-lo sustentável. Além disso, podem ser encontrados nesses locais virtuais estudos de caso, definições e conceituações mais específicas sobre a questão do turismo sustentável.

Estudo de caso

A seguir, apresentamos propostas de estudos de caso de alguns destinos turísticos. Escolha dois deles e analise os tipos de impactos relacionados aos estudos escolhidos, levando em consideração os aspectos elencados no Capítulo 5 desta obra.

Destino 1
Carnival Cruise Lines: o mercado de cruzeiros

A Carnival Cruise Lines é uma das mais bem sucedidas companhias de cruzeiro. Atualmente possui uma das maiores frotas da Carnival Corporation, que se encontra responsável por mais algumas companhias de cruzeiro do mercado. Com 24 luxuosos navios ao dispor, a companhia defende a oferta de cruzeiros a preços acessíveis e com rotas exclusivas e destinos por todo o mundo. Fundada em 1972 e com sede na Flórida, EUA, esta companhia aposta fortemente no entretenimento a bordo, tornando-se assim uma das companhias mais jovens, interessantes e divertidas, devido à sua variada oferta de atividades para todos os passageiros que desejam tomar o máximo partido das suas férias em alto-mar.

Fonte: Dreamlines, 2015.

Destino 2

Turismo industrial na França

Empresas de países desenvolvidos, como França, Japão e Estados Unidos, praticam desde a segunda metade do século passado o chamado Turismo industrial. O termo refere-se ao ato dos empreendedores de abrirem suas instalações para grupos de pessoas interessadas em conhecer a estrutura das unidades produtivas, a forma de produção e a tecnologia empregada.

Fonte: 180 graus, 2011.

Destino 3

EasyJet

A EasyJet é uma companhia aérea *low cost* (baixo custo), criada em 1995, com sede no aeroporto de Luton, no Reino Unido. Teve como modelo a companhia norte-americana Southwest Airlines, que foi a primeira companhia *low cost* do mundo. Atualmente voa para mais de 30 países, operando 606 rotas, e tem base (*hubs*) em mais de 20 países. Os preços também são bastante atrativos, com passagens a partir de 12 euros.

Fonte: Adaptado de Carvalho, 2012.

Destino 4

Las Vegas (Nevada/Estados Unidos)

Localizada [...] no deserto de Clark County, no Estado de Nevada, Las Vegas gosta de tomar para si o título de "Capital Mundial do Entretenimento". Famosa por seus luxuosos cassinos e hotéis, a cidade possui várias opções de entretenimento a preços acessíveis para seus visitantes – tudo isso sem contar a possibilidade de se tirar a sorte grande e voltar para casa com dinheiro extra.

Fonte: Uol Viagem, 2015.

Destino 5

Turismo rural na França

Segundo Moinet (1996), o campo francês tem grande poder de atração, graças à variedade de paisagem, à riqueza de seu patrimônio, à diversidade de seu terreno e à tradição. Essas características, somadas à necessidade dos cidadãos franceses de encontrarem suas raízes, à dificuldade da agricultura francesa envolta em uma realidade global e à desertificação social, transformaram o turismo rural francês um importante elemento social (Guzzati, 1997).

Para concluir...

Com esta obra, tivemos como propósito fornecer elementos para a construção de um pensamento capaz de fundamentar o turismo de forma clara, objetiva e criativa, que articula teoria e prática. Para tanto, tratamos da evolução do turismo na sociedade por meio da abordagem de aspectos históricos, desde os primórdios da humanidade até a atualidade, realizando um paralelo entre as primeiras atrações turísticas e o turismo atual, e destacamos a influência dos meios de transporte para a consolidação da atividade turística.

Discutimos ainda o campo de estudos do turismo por meio da sua interdisciplinaridade, demonstrando a complexidade do setor, a fim de que você, leitor, possa percebê-lo como um fenômeno decorrente da natureza e das relações humanas, além de saber diferenciar as principais definições referentes ao conceito de *turismo* e reconhecer a importância da Organização Mundial de Turismo (OMT) nesse contexto.

Para sistematizar o turismo, buscamos demonstrar a estruturação e a dinâmica do mercado turístico, apontando as principais organizações turísticas em variados níveis e abrangências, de modo a compor essa rede por meio de seus setores e descrever a importância de cada um deles para o fluxo da atividade.

Não poderíamos deixar de ressaltar o papel do poder público para o desenvolvimento do turismo. Assim, apresentamos uma breve perspectiva histórica das políticas públicas no Brasil, a fim de destacar a importância de instituições que nortearam a evolução das políticas de desenvolvimento do setor turístico.

Tendo em vista que o turista é um dos principais atores do turismo, abordamos suas relações de consumo, compreendendo o mercado e analisando o comportamento do viajante como uma perspectiva importante para a compreensão da atividade turística. Por fim, tratamos dos diferentes impactos que a atividade turística pode ocasionar para os destinos, a fim de suscitar a consideração de formas de potencialização dos impactos positivos e minimização dos negativos para, finalmente, destacar o turismo sustentável como a base para o desenvolvimento do setor.

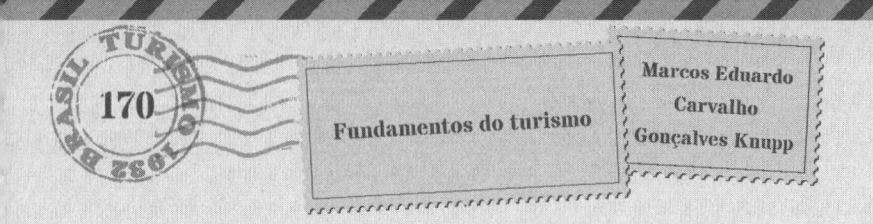

Por meio das discussões propostas ao longo da obra, oferecemos subsídios para que você possa pensar nas bases da profissionalização desse importante setor que, segundo alguns autores e importantes organizações internacionais, é o que mais cresce no mundo contemporâneo.

Referências

180 GRAUS. **Turismo industrial**: uma excelente opção para desenvolver empresas e regiões. 2 fev. 2011. Disponível em: <http://180graus.com/consultoria-empresarial/turismo-industrial-uma-excelente-opcao-para-desenvolver-empresas-e-regioes-399616.html>. Acesso em: 3 abr. 2015.

ALLEN, J. et al. **Organização e gestão de eventos**. Rio de Janeiro: Campus, 2003.

BARBOSA, Y. M. **História das viagens e do turismo**. São Paulo: Aleph, 2002.

BECH SERRAT, J. M. Quality of Hotel Service and Consumer Protection: a European Contract Law Approach. **Tourism Management**, v. 32, p. 277-287, Apr. 2011.

BENI, M. C. **Análise estrutural do turismo**. São Paulo: Ed. do Senac, 2001.

_____. **Política e planejamento de turismo no Brasil**. São Paulo: Aleph, 2006.

BERG, M.; HUDSON, P. Rehabilitating the Industrial Revolution. **Economic History Review**, v. 45, n. 1, 1992. Disponível em: <http://goo.gl/3zYrqp>. Acesso em: 21 abr. 2015.

BIZ, A. **Avaliação dos portais turísticos governamentais quanto ao suporte à gestão do conhecimento**. 234 f. Tese (Doutorado em Engenharia e Gestão do Conhecimento) – Universidade Federal de Santa Catarina, Florianópolis, 2009.

BIZ, A.; LOHMANN, G. A importância da internet para as agências de viagens brasileiras utilizadoras do GDS Amadeus. **Revista Turismo & Desenvolvimento**, Aveiro, v. 2, n. 2, p. 73-83, 2005.

BRAMS, S. J. Game Theory and Politics. New York: The Free Press, 1975.

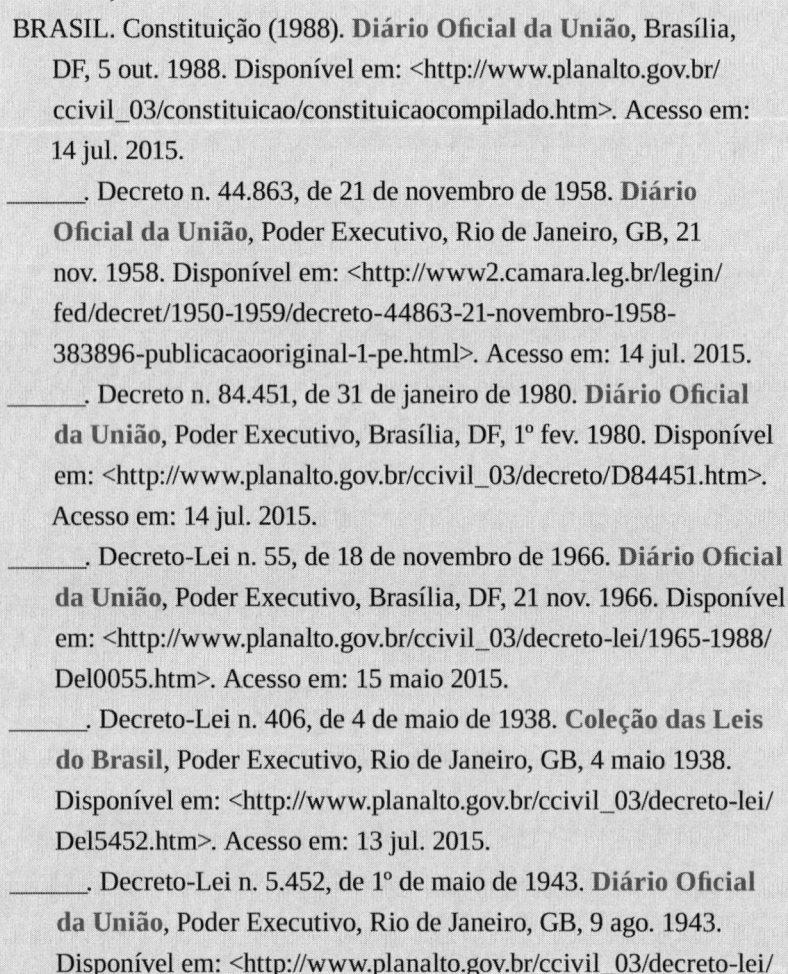

BRASIL. Constituição (1988). **Diário Oficial da União**, Brasília, DF, 5 out. 1988. Disponível em: <http://www.planalto.gov.br/ccivil_03/constituicao/constituicaocompilado.htm>. Acesso em: 14 jul. 2015.

_____. Decreto n. 44.863, de 21 de novembro de 1958. **Diário Oficial da União**, Poder Executivo, Rio de Janeiro, GB, 21 nov. 1958. Disponível em: <http://www2.camara.leg.br/legin/fed/decret/1950-1959/decreto-44863-21-novembro-1958-383896-publicacaooriginal-1-pe.html>. Acesso em: 14 jul. 2015.

_____. Decreto n. 84.451, de 31 de janeiro de 1980. **Diário Oficial da União**, Poder Executivo, Brasília, DF, 1º fev. 1980. Disponível em: <http://www.planalto.gov.br/ccivil_03/decreto/D84451.htm>. Acesso em: 14 jul. 2015.

_____. Decreto-Lei n. 55, de 18 de novembro de 1966. **Diário Oficial da União**, Poder Executivo, Brasília, DF, 21 nov. 1966. Disponível em: <http://www.planalto.gov.br/ccivil_03/decreto-lei/1965-1988/Del0055.htm>. Acesso em: 15 maio 2015.

_____. Decreto-Lei n. 406, de 4 de maio de 1938. **Coleção das Leis do Brasil**, Poder Executivo, Rio de Janeiro, GB, 4 maio 1938. Disponível em: <http://www.planalto.gov.br/ccivil_03/decreto-lei/Del5452.htm>. Acesso em: 13 jul. 2015.

_____. Decreto-Lei n. 5.452, de 1º de maio de 1943. **Diário Oficial da União**, Poder Executivo, Rio de Janeiro, GB, 9 ago. 1943. Disponível em: <http://www.planalto.gov.br/ccivil_03/decreto-lei/Del5452.htm>. Acesso em: 13 jul. 2015.

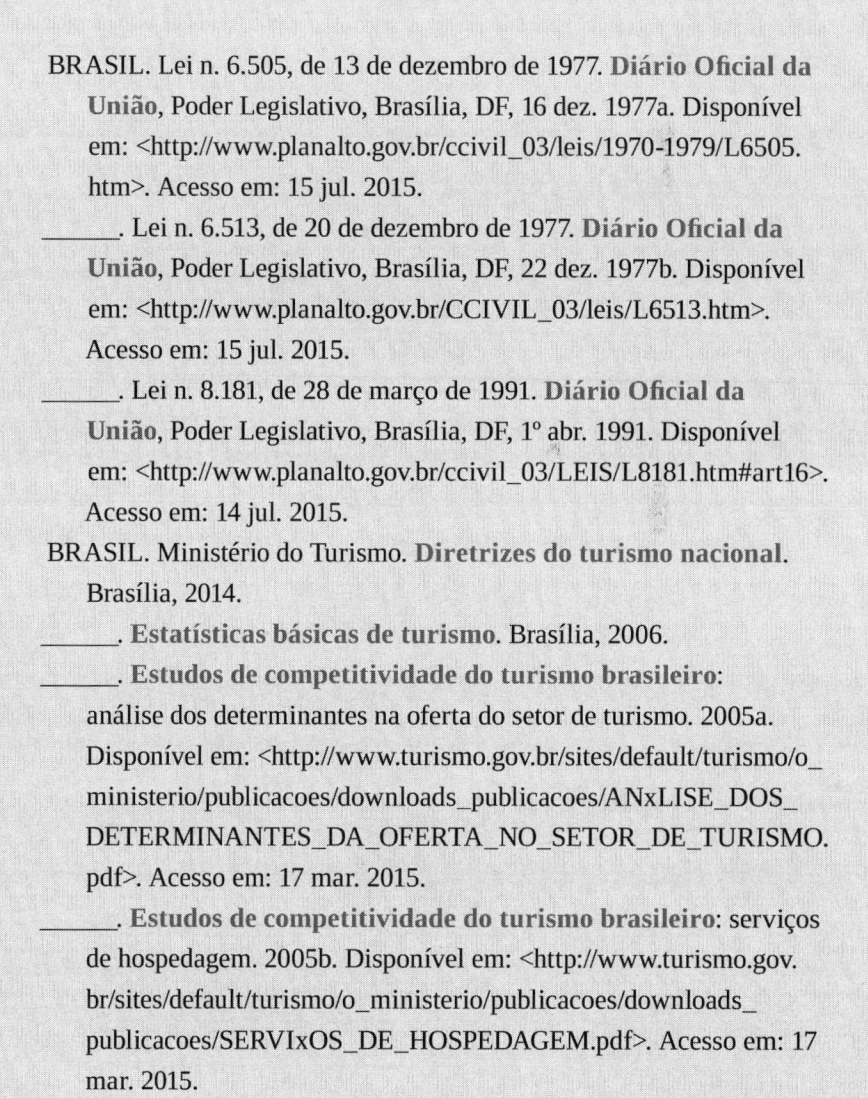

BRASIL. Lei n. 6.505, de 13 de dezembro de 1977. **Diário Oficial da União**, Poder Legislativo, Brasília, DF, 16 dez. 1977a. Disponível em: <http://www.planalto.gov.br/ccivil_03/leis/1970-1979/L6505.htm>. Acesso em: 15 jul. 2015.

_____. Lei n. 6.513, de 20 de dezembro de 1977. **Diário Oficial da União**, Poder Legislativo, Brasília, DF, 22 dez. 1977b. Disponível em: <http://www.planalto.gov.br/CCIVIL_03/leis/L6513.htm>. Acesso em: 15 jul. 2015.

_____. Lei n. 8.181, de 28 de março de 1991. **Diário Oficial da União**, Poder Legislativo, Brasília, DF, 1º abr. 1991. Disponível em: <http://www.planalto.gov.br/ccivil_03/LEIS/L8181.htm#art16>. Acesso em: 14 jul. 2015.

BRASIL. Ministério do Turismo. **Diretrizes do turismo nacional**. Brasília, 2014.

_____. **Estatísticas básicas de turismo**. Brasília, 2006.

_____. **Estudos de competitividade do turismo brasileiro**: análise dos determinantes na oferta do setor de turismo. 2005a. Disponível em: <http://www.turismo.gov.br/sites/default/turismo/o_ministerio/publicacoes/downloads_publicacoes/ANxLISE_DOS_DETERMINANTES_DA_OFERTA_NO_SETOR_DE_TURISMO.pdf>. Acesso em: 17 mar. 2015.

_____. **Estudos de competitividade do turismo brasileiro**: serviços de hospedagem. 2005b. Disponível em: <http://www.turismo.gov.br/sites/default/turismo/o_ministerio/publicacoes/downloads_publicacoes/SERVIxOS_DE_HOSPEDAGEM.pdf>. Acesso em: 17 mar. 2015.

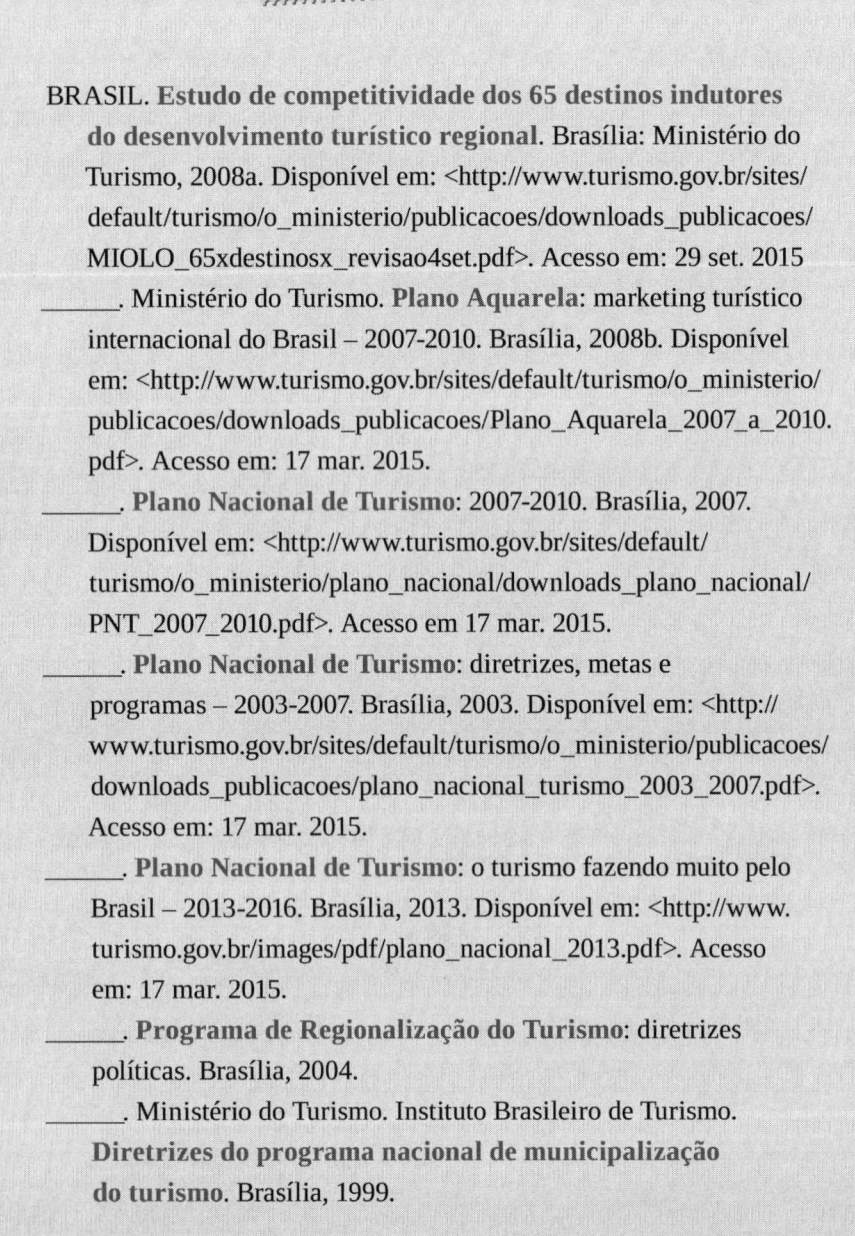

BRASIL. **Estudo de competitividade dos 65 destinos indutores do desenvolvimento turístico regional.** Brasília: Ministério do Turismo, 2008a. Disponível em: <http://www.turismo.gov.br/sites/default/turismo/o_ministerio/publicacoes/downloads_publicacoes/MIOLO_65xdestinosx_revisao4set.pdf>. Acesso em: 29 set. 2015

_____. Ministério do Turismo. **Plano Aquarela**: marketing turístico internacional do Brasil – 2007-2010. Brasília, 2008b. Disponível em: <http://www.turismo.gov.br/sites/default/turismo/o_ministerio/publicacoes/downloads_publicacoes/Plano_Aquarela_2007_a_2010.pdf>. Acesso em: 17 mar. 2015.

_____. **Plano Nacional de Turismo**: 2007-2010. Brasília, 2007. Disponível em: <http://www.turismo.gov.br/sites/default/turismo/o_ministerio/plano_nacional/downloads_plano_nacional/PNT_2007_2010.pdf>. Acesso em 17 mar. 2015.

_____. **Plano Nacional de Turismo**: diretrizes, metas e programas – 2003-2007. Brasília, 2003. Disponível em: <http://www.turismo.gov.br/sites/default/turismo/o_ministerio/publicacoes/downloads_publicacoes/plano_nacional_turismo_2003_2007.pdf>. Acesso em: 17 mar. 2015.

_____. **Plano Nacional de Turismo**: o turismo fazendo muito pelo Brasil – 2013-2016. Brasília, 2013. Disponível em: <http://www.turismo.gov.br/images/pdf/plano_nacional_2013.pdf>. Acesso em: 17 mar. 2015.

_____. **Programa de Regionalização do Turismo**: diretrizes políticas. Brasília, 2004.

_____. Ministério do Turismo. Instituto Brasileiro de Turismo. **Diretrizes do programa nacional de municipalização do turismo.** Brasília, 1999.

BRIGGS, S.; SUTHERLAND, J.; DRUMMOND, S. Are Hotels Serving Quality? An Exploratory Study of Service Quality in the Scottish Hotel Sector. Tourism Management, v. 28, n. 4, p. 1006-1019, 2007.

BUHALIS, D.; SOO, H. J. E-Tourism. Oxford: Goodfellow Publishers, 2011. (Contemporary Tourism Reviews Series). Disponível em: <http://www.goodfellowpublishers.com/free_files/fileEtourism.pdf>. Acesso em: 17 mar. 2015.

CAPES – Coordenação de Aperfeiçoamento de Pessoal de Nível Superior. Tabela de áreas de conhecimento/avaliação. 20 out. 2014. Disponível em: <http://www.capes.gov.br/avaliacao/instrumentos-de-apoio/tabela-de-areas-do-conhecimento-avaliacao>. Acesso em: 12 ago. 2015.

CARVALHO, A. F. Políticas públicas em turismo no Brasil. Sociedade e Cultura, v. 3, n. 1-2, p. 97-109, enero/dic. 2000. Disponível em: <http://www.revistas.ufg.br/index.php/fchf/article/view/458/442>. Acesso em: 7 jul. 2015

CARVALHO, D. Como é voar na Easyjet. 2 maio 2012. Disponível em: <http://www.melhoresdestinos.com.br/como-e-voar-na-easyjet.html>. Acesso em: 3 abr. 2015.

CASIMIRO FILHO, F. Contribuição do turismo para a economia brasileira. 220 f. Tese (Doutorado em Economia Aplicada) – Escola Superior de Agricultura Luiz de Queiroz, Universidade de São Paulo, Piracicaba, 2002.

CASSON, L. Travel in the Ancient World. Baltimore: The Johns Hopkins University Press, 1994.

CASTELLS, M.; CARDOSO, G. (Org.). A sociedade em rede: do conhecimento à acção política. Belém: Imprensa Nacional, 2005.

CENTENO, R. R. **Metodologia de la investigación aplicada al turismo**: casos práticos. México: Trillas, 1992.

CHON, K. S. **Hospitalidade**: conceito e aplicações. São Paulo: Pioneira Thomson Learning, 2003.

COHEN, E. Rethinking the Sociology of Tourism. **Annals of Tourism Research**, v. 6, n. 1, p. 13-14, 1979.

COOPER, C. et al. **Turismo**: princípios e práticas. 3. ed. Porto Alegre: Bookman, 2007.

CYNARSKI, W. J.; OBODYŃSKI, K. Tourism in Humanistic Perspective: Scientific Conference. **Tourism Today**, n. 4, p. 170-173, 2004.

DREAMLINES. **Carnival Cruise Lines**. Disponível em: <http://www.dreamlines.com.br/companhia-de-cruzeiros/carnival-cruise-lines>. Acesso em: 3 abr. 2015.

DRUCKER, P. **Tecnologia, administração e sociedade**. São Paulo: Elsevier, 2005.

DWYER, L.; FORSYTH, P.; PAPATHEODOROU, A. **Economics of Tourism**. Oxford: Goodfellow Publishers, 2011. (Contemporary Tourism Reviews Series). Disponível em: <http://www.goodfellowpublishers.com/free_files/fileEconomics.pdf>. Acesso em: 17 mar. 2015.

DWYER, L.; SPURR, R. **Tourism Economics Summary**. Disponível em: <http://www.crctourism.com.au/wms/upload/resources/Tourism%20Economics%20Summary%20WEB.pdf>. Acesso em: 17 mar. 2015.

EKELUND, R. B.; HÉBERT, R. F. **A History of Economic Theory and Method**. New York: McGraw-Hill, 1997.

FENACTUR – Federação Nacional de Turismo. **Estatuto**. 21 jan. 2008. Disponível em: <http://www.fenactur.com.br/1,3,estatuto-fenactur.aspx>. Acesso em: 2 abr. 2015.

GARRIDO, I. M. D. A. **Modelos multiorganizacionais no turismo**: cadeias, clusters e redes. 126 f. Dissertação (Mestrado Profissional em Administração da Escola de Administração) – Universidade Federal da Bahia, Salvador, 2001.

GOELDNER, C. R.; RITCHIE, J. R. B.; MCINTOSH, R. W. **Turismo**: princípios, práticas e filosofias. 8. ed. Porto Alegre: Bookman, 2002.

GORINI, A. P. F.; MENDES, E. F. Setor de turismo no Brasil: segmento de hotelaria. **BNDES Setorial**, Rio de Janeiro, n. 22, p. 111-150, set. 2005.

GUZZATTI, T. C. Agroturismo para promover o desenvolvimento local. **Relatório de Conclusão de Curso da Universidade Federal de Santa Catarina**. Florianópolis, 1997. 58 f.

HALL, M.; COOPER, C.; TRIGO, L. G. G. **Turismo contemporâneo**. São Paulo: Campus Elsevier, 2011.

IBGE – Instituto Brasileiro de Geografia e Estatística. **Economia do turismo**: uma perspectiva macroeconômica – 2000-2005. 2008. Disponível em: <http://www.dadosefatos.turismo.gov.br/export/sites/default/dadosefatos/outros_estudos/estudos_ibge/downloads_estudos_pesquisas_IBGE/estudo_economia_do_turismo__uma_perpectiva_macroeconomica___2000_2005.pdf>. Acesso em: 17 mar. 2015.

_____. **Economia do turismo**: uma perspectiva macroeconômica – 2003-2006. 2009. Disponível em: <http://www.dadosefatos.turismo.gov.br/export/sites/default/dadosefatos/outros_estudos/estudos_ibge/downloads_estudos_pesquisas_IBGE/ep_ie12_ecoturismo2003_2006_v4.pdf>. Acesso em: 17 mar. 2015.

IBGE – Instituto Brasileiro de Geografia e Estatística. **Economia do turismo**: uma perspectiva macroeconômica – 2003-2009. 2012. Disponível em: <http://www.dadosefatos.turismo.gov.br/export/sites/default/dadosefatos/outros_estudos/estudos_ibge/downloads_estudos_pesquisas_IBGE/Estudo_Economia_do_Turismo_x_Uma_Perspectiva_Macroeconxmica_-_2003-2009.pdf>. Acesso em: 17 mar. 2015.

JACOBI, P. Educação ambiental, cidadania e sustentabilidade. **Cadernos de Pesquisa**, n. 118, mar. 2003.

JAFARI, J. La cientificación del turismo. **Estudios y Perspectivas en Turismo**, Buenos Aires, v. 3, n. 1, p. 7-36, enero 1994.

JAFARI, J.; RITCHIE, J. R. B. Toward a Framework for Tourism Education: Problems and Prospects. **Annals of Tourism Research**, v. 8, n. 1, p. 13-34, 1981.

JORGENSON, W. D.; VU, K. Information Technology and the World Economy. **Scandinavian Journal of Economics**, v. 107, n. 4, p. 631-650, 2005.

KENESSEY, Z. The Primary, Secondary, Tertiary and Quaternary Sectors of the Economy. **Review of Income and Wealth**, v. 33, Issue 4, p. 359-385, 2005.

KNUPP, M. E. C. G.; NAVES, F. L. Redes do turismo: uma análise da política de turismo do Estado de Minas Gerais – Brasil. **Revista Turismo em Análise**, v. 23, n. 3, p. 663-690, dez. 2012.

KRIPPENDORF, J. **Sociologia do turismo**: para uma nova compreensão do lazer e das viagens. 3. ed. São Paulo: Aleph, 2001.

LAGE, B. H. G.; MILONE, P. **Economia do turismo**. 4. ed. São Paulo: Atlas, 2001.

LAINÉ, P. **Tourisme et théorie du système général**: sensibilisation à l'approche systémique du tourisme. Aix-enProvence: Centre des Hautes Études Touristiques, 1989.

LEIPER, N. The Framework of Tourism: Towards a Definition of Tourism, Tourist and the Touristic Industry. **Annals of Tourism Research**, p. 390-407, Oct./Dec. 1979.

LIMA, G. F. C. O debate da sustentabilidade na sociedade insustentável. **Política & Trabalho**, João Pessoa, v. 13, p. 201-222, set. 1997.

_____. Questão ambiental e educação: contribuições para o debate. **Ambiente & Sociedade**, Nepam/Unicamp, Campinas, ano 2, n. 5, p. 135-153, 1999.

MEDAGLIA, J.; SILVEIRA, C. E. O papel histórico do turismo de massa na consolidação da União Europeia e suas relações com a Política Nacional de Turismo no Brasil. **Turismo – Visão e Ação**, Itajaí, v. 12, p. 159-171, 2010.

MELÉNDEZ, A. O turismo na América Latina: situação atual e tendências. **Visão e Ação**, São Paulo, ano 2, n. 5, p. 71-80, out. 1999/mar. 2000.

MENDONÇA, M. C. A. **Gestão integrada do turismo no espaço rural**. 308 f. Tese (Doutorado em Engenharia da Produção) – Universidade Federal de São Carlos, São Carlos, 2006.

MOINET, F. **Le tourisme rural**. Paris: France Agricole, 1996.

MOLINA, S. **O pós-turismo**. São Paulo: Aleph, 2003.

MORROW, J. D. **Game Theory for Political Scientists**. Princeton: Princeton University Press, 1994.

MOURA, F. A.; MONTINI, A. Modelagem da demanda turística internacional para o Estado de São Paulo. **Sociedade, Contabilidade e Gestão**, v. 5, n. 2, p. 133-147, 2010.

NOVELLI, M.; SCHMITZ, B.; SPENCER, T. Networks, Clusters and Innovation in Tourism: a UK Experience. **Tourism Management**, Guildford, v. 27, n. 6, p. 1141-1146, Dec. 2006.

OLIVEIRA, F. M. As políticas de turismo no Brasil nos anos noventa. **Turismo em Análise**, v. 19, n. 2, p. 177-200, ago. 2008.

OLIVEIRA, J. M. S. R. **O potencial competitivo de circuito turístico**: uma análise da rota dos tropeiros no Centro-Oeste de Minas Gerais. 146 f. Tese (Doutorado em Administração) – Universidade Federal de Lavras, Lavras, 2007.

OMSC – Olympic Museum and Studies Centre. **The Olympic Games in Ancient Greece**. Lausanne, 2002. Disponível em: <http://dide.mag.sch.gr/grfa/Olympiaki_paideia/kathigites.pdf>. Acesso em: 30 mar. 2015.

OMT – Organização Mundial de Turismo. **Annual Report 2011**. Madrid, 2012. Disponível em: <http://dtxtq4w60xqpw.cloudfront.net/sites/all/files/pdf/annual_report_2011.pdf>. Acesso em: 30 mar. 2015.

_____. **Cuenta satélite de turismo**: recomendaciones sobre el marco conceptual. Luxemburgo; Madrid; Nueva York; París, 2001a. Disponível em: <http://unstats.un.org/unsd/publication/SeriesF/SeriesF_80S.pdf>. Acesso em: 17 mar. 2015.

_____. **Entender el turismo**: glosario básico. Disponível em: <http://media.unwto.org/es/content/entender-el-turismo-glosario-basico>. Acesso em: 22 ago. 2015.

_____. Exploring the Full Economic Impact of Tourism for Policy Making. In: T.20 MINISTERS MEETING, 1., Oct. 2011, Paris. **Proceedings**... Madrid: World Tourism Organization, 2011. Disponível em: <http://t20.unwto.org/sites/all/files/pdf/unwto_paper_t20_france.pdf>. Acesso em: 30 mar. 2015.

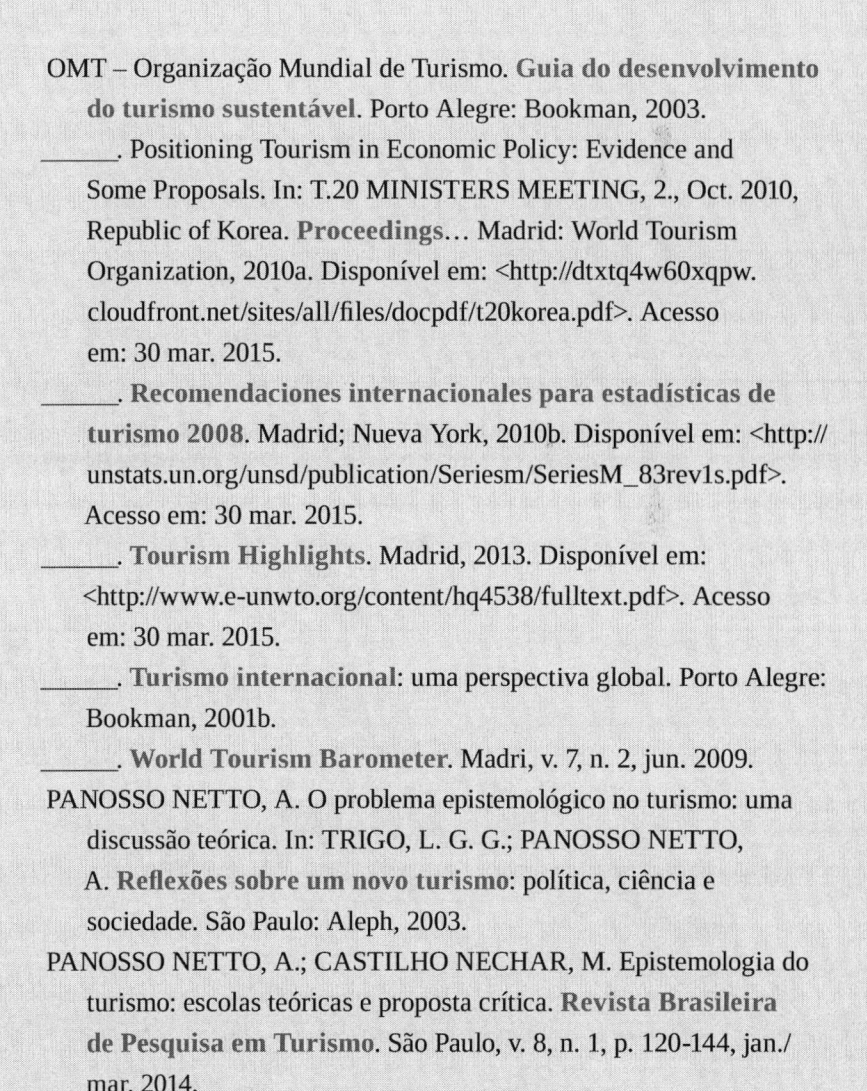

OMT – Organização Mundial de Turismo. **Guia do desenvolvimento do turismo sustentável**. Porto Alegre: Bookman, 2003.

_____. Positioning Tourism in Economic Policy: Evidence and Some Proposals. In: T.20 MINISTERS MEETING, 2., Oct. 2010, Republic of Korea. **Proceedings**... Madrid: World Tourism Organization, 2010a. Disponível em: <http://dtxtq4w60xqpw.cloudfront.net/sites/all/files/docpdf/t20korea.pdf>. Acesso em: 30 mar. 2015.

_____. **Recomendaciones internacionales para estadísticas de turismo 2008**. Madrid; Nueva York, 2010b. Disponível em: <http://unstats.un.org/unsd/publication/Seriesm/SeriesM_83rev1s.pdf>. Acesso em: 30 mar. 2015.

_____. **Tourism Highlights**. Madrid, 2013. Disponível em: <http://www.e-unwto.org/content/hq4538/fulltext.pdf>. Acesso em: 30 mar. 2015.

_____. **Turismo internacional**: uma perspectiva global. Porto Alegre: Bookman, 2001b.

_____. **World Tourism Barometer**. Madri, v. 7, n. 2, jun. 2009.

PANOSSO NETTO, A. O problema epistemológico no turismo: uma discussão teórica. In: TRIGO, L. G. G.; PANOSSO NETTO, A. **Reflexões sobre um novo turismo**: política, ciência e sociedade. São Paulo: Aleph, 2003.

PANOSSO NETTO, A.; CASTILHO NECHAR, M. Epistemologia do turismo: escolas teóricas e proposta crítica. **Revista Brasileira de Pesquisa em Turismo**. São Paulo, v. 8, n. 1, p. 120-144, jan./mar. 2014.

PANOSSO NETTO, A.; NOGUERO, F. T.; JAGER, M. Por uma visão crítica dos estudos turísticos. **Turismo em Análise**, v. 22, n. 3, p. 539-560, dez. 2011.

PANOSSO NETTO, A.; SILVA, F. J. P.; TRIGO, L. G. G. **Programa de qualificação a distância para o desenvolvimento do turismo**: formação de gestores de políticas públicas do turismo. Florianópolis: Sead; Fapeu; UFSC, 2009.

PHAM, T. D.; DWYER, L.; SPURR, R. **Regional Economic Contribution of Tourism Destinations in Queensland**. Queensland: STCRC Centre for Economics and Policy, 2010. Disponível em: <http://teq.queensland.com/~/media/DCE320685AE84AA786833155F4114346.ashx>. Acesso em: 17 mar. 2015.

PIRENNE, H. **História econômica e social da Idade Média**. São Paulo: Mestre Jou, 1968.

PORTER, M. E. **Vantagem competitiva**: criando e sustentando um desempenho superior. 13. ed. Rio de Janeiro: Campus, 1993.

PRZECŁAWSKI, K. Socjologia turystyki. In: WINIARSKI, R. (Ed.). **Nauki o turystyce**: part I. Kraków: AWF, 2003.

REJOWSKI, M. (Org.). **Turismo no percurso do tempo**. 2. ed. São Paulo: Aleph, 2005.

ROGER, T.; MARTIN, V. **Eventos**: planejamento, organização e mercados. São Paulo: Bookman, 2011.

ROSSI, L. A. M. Modo de produção escravista e a sua influência na percepção da sociedade judaica no pós-exílio. **Mirabilia**, Espírito Santo, jun./dez. 2005.

SANTOS FILHO, J. dos. Embratur, da euforia ao esquecimento: o retorno às raízes quando serviu à Ditadura Militar. **Revista Espaço Acadêmico**, n. 35, abr. 2004.

_____. Thomas Cook: marco da historiografia dominante no turismo – ensaio sociológico sobre o preconceito ao fenômeno turístico na história. **TURyDES**, v. 1, n. 2, marzo 2008.

SCOTT, N.; COOPER, C.; BAGGIO, R. Destination Network: Four Australian Cases. **Annals of Tourism Reaserch**, New York, v. 35, n. 1, p. 169-188, Jan. 2008.

SILVEIRA, C. E.; PAIXÃO, D. L. D; COBOS, J. B. Políticas públicas de turismo e a política no Brasil: singularidades e (des)continuidade. **Ciência & Opinião**, Curitiba, v. 3, n. 1, jan./jun. 2006.

SIQUEIRA, D. **História social do turismo**. Brasília: Vieira, 2005.

SOLHA, K. T. **Órgãos públicos estaduais e o desenvolvimento do turismo no Brasil**. 178 f. Tese (Doutorado em Relações Públicas, Propaganda e Turismo) – Universidade de São Paulo, São Paulo, 2004.

SPARKS, B. A.; BROWNING, V. The Impact of Online Reviews on Hotel Booking Intentions and Perception of Trust. **Tourism Management**, v. 32, p. 1310-1323, 2011.

STYNES, D. J. Approaches to Estimating the Economic Impacts of Tourism: Some Examples. **Economic Impact Approaches**, p. 1-18, 1999. Disponível em: <https://www.msu.edu/course/prr/840/econimpact/pdf/ecimpvol1.pdf>. Acesso em: 31 mar. 2015.

SWISS FOUNDATION FOR RESEARCH IN SOCIAL SCIENCE. **Social Report**: Chance of Sectors and Industries. 2012. Disponível em: <http://socialreport.ch/?page_id=836>. Acesso em: 21 abr. 2015.

TEMIN, P. Two of the British Industrial Revolution. **The Journal of Economics History**, v. 57, n. 1, Mar. 1997.

TRIGO, L. G. **Viagem na memória**: guia histórico das viagens e do turismo no Brasil. 2. ed. São Paulo: Ed. do Senac/SP, 2002.

UOL VIAGEM. **Las Vegas**. Viagem: Destinos Internacionais. Disponível em: <http://viagem.uol.com.br/guia/estados-unidos/las-vegas/>. Acesso em: 3 abr. 2015.

VALLEN, G. K.; VALLEN, J. J. **Check-in, check out**: gestão e prestação de serviços em hotelaria. Porto Alegre: Bookman, 2003.

VERMEULEN, I. E.; SEEGERS, D. Tried and Tested: The Impact of Online Hotel Reviews on Consumer Consideration. **Tourism Management**, v. 30, p. 123–127, 2009.

VILLATE, J. **Introdução aos sistemas dinâmicos**. 2007. Disponível em: <http://www.villate.org/doc/sistemasdinamicos/sistdinam-1_2.pdf>. Acesso em: 21 abr. 2015. Apostila.

WATT, D. C. **Gestão de eventos em lazer e turismo**. Porto Alegre: Bookman, 2004.

WILKE, E. P., RODRIGUES, L. C. Fontes de pressão institucional: reflexões sobre legitimidade na indústria hoteleira brasileira. **Revista Brasileira de Pesquisa em Turismo**, São Paulo, v. 7, n. 22, p. 337-357, maio/ago. 2013.

WTTC – World Travel and Tourism Council. **Economic Impact of Travel & Tourism**: Annual Update. United Kingdom, 2012.

_____. _____. United Kingdom, 2013.

Respostas

Capítulo 1

Questões para revisão

1. Para explanar sobre as similaridades das atividades turísticas antigas e atuais, é necessário compreender que os deslocamentos humanos acontecem desde os primórdios da humanidade. É da natureza do ser humano se deslocar, principalmente por motivos de sobrevivência, mas também por curiosidade, pelo anseio de descobrir algo novo, descobrir novos lugares, enfim, buscar o que ainda não conhece. A essência permanece a mesma, desde os primórdios até aos dias atuais. Ainda hoje, alguns elementos das viagens são muito parecidos – por exemplo, o retorno com algum presente ou a lembrança do lugar visitado, a relação entre os visitantes e os anfitriões e a necessidade de locais de abrigo e alimentação. Por outro lado, o turismo atual tem sofrido modificação substancial desde as primeiras viagens para fins turísticos, principalmente pela recente comercialização da atividade.
2. b
3. Para essa resposta, você deve discorrer sobre os vários tipos de transportes, a evolução de cada um deles e a sua importância para os deslocamentos humanos (e, consequentemente, para o turismo). O transporte ferroviário inicialmente era um tipo de transporte de carga, mas, com os anos, tornou-se o primeiro meio de transporte utilizado para deslocar um grupo de turistas para um evento específico – sendo o ícone do atualmente considerado primeiro agente de viagens, Thomas Cook. Já o transporte automotivo proporcionou

maior flexibilidade para os deslocamentos por meio das estradas que se disseminaram em todos os lugares e em todos os continentes. Esse tipo de transporte também possibilitou que um maior número de pessoas se movimentasse em um tempo relativamente menor do que as antigas máquinas ferroviárias. O transporte aéreo, por sua vez, é o modal que mais proporcionou a rapidez para os deslocamentos humanos. Tendo sido inicialmente utilizado somente pelas classes mais abastadas, hoje vem se tornando um dos meios de transporte mais populares no mundo. Por fim, o transporte aquaviário, também bastante antigo, atualmente se transformou em um atrativo, pois, além de servir como transporte, alia hospedagens luxuosas a atrações ao longo de suas viagens.

4. c
5. a

Capítulo 2

Questões para revisão
1. Resposta pessoal embasada em conceitos apresentados nos capítulos 1 e 2 – cujos temas se relacionam, uma vez que o histórico do turismo auxilia nas posteriores definições e compreensões do setor turístico. A resposta deve ser fundamentada neste sentido: existe uma similaridade entre os primórdios do turismo e as atuais definições referentes ao setor.
2. A resposta deve ser fundamentada na definição da Organização Mundial de Turismo (OMT, 2015):
    › **Visitante** – Um visitante é alguém que realiza uma viagem para um destino principal diferente do seu ambiente habitual, de

duração inferior a um ano, para um fim específico (lazer, negócios ou outros motivos pessoais).
> **Turista** – Um visitante (interno, emissor ou receptor) é classificado como *turista* (ou visitante que pernoita) se a viagem inclui uma noite de estadia.
> **Excursionista** – Um visitante (interno, emissor ou receptor) é classificado como *excursionista* (turista de um dia ou que não pernoita) se a viagem não inclui uma noite de estadia.
> **Residente** – Quem reside ou habita em determinado local e o considera como sua residência habitual – o lugar onde a pessoa enumerou como sendo sua residência habitual.

Assim, os viajantes A e B são turistas e o viajante C não é turista nem excursionista, mas sim um novo residente daquele lugar.

3. a
4. d
5. a

Capítulo 3

Questões para revisão

1. d
2. As organizações do turismo trabalham em função da atividade e, consequentemente, representam os elementos relacionados à área. Assim, a resposta deve apresentar duas organizações e dois elementos que estejam em sintonia, bem como a descrição deles quanto a questões como geografia, função, segmento e tipo.
3. Resposta pessoal embasada nos conteúdos trabalhados no capítulo.
4. b
5. c

Capítulo 4

Questões para revisão

1. a
2. Resposta pessoal embasada nos conteúdos apresentados no capítulo.
3. a
4. Para fundamentar sua resposta, você deve se basear na descrição do contexto político e econômico brasileiro de cada fase e nas políticas de turismo desenvolvidas em cada uma delas.
    a) 1ª fase – O início da primeira fase se deu com o plano de metas do governo de Juscelino Kubitschek – ápice do processo de industrialização, que incrementou a infraestrutura (transporte rodoviário) – e com a consolidação da Combratur (1958). A iniciativa pioneira em desenvolver o setor do turismo no Brasil se deu em 1966, ainda nessa primeira fase, e as primeiras políticas federais de turismo surgiram na ditadura militar (centralização acentuada e isolada das associações de classe do setor de turismo que já existiam naquela época). Também foi uma fase marcada pelas crises políticas e econômicas que marcaram o país em meados das décadas de 1970 e 1990 e desgastaram o regime militar e o setor de turismo no país.
    b) 2ª fase – Essa fase se iniciou após o *impeachment* de Fernando Collor de Mello em 1992 e a chegada de um novo plano econômico, o Plano Real. Estruturou-se uma estabilidade política e econômica no país com um regime democrático e pluralístico. Também foi importante nessa fase o Programa Nacional de Municipalização do Turismo, marca da gestão da Embratur entre 1995 e 2002. A estabilidade política e econômica, a abertura comercial, o investimento de infraestrutura, o crescimento

do turismo internacional, os cursos superiores e técnicos de turismo e a segmentação do turismo no país suscitaram o crescimento do turismo. Além disso o turismo tem uma importância relativamente maior do governo, mas ainda continuava subtitulado a outros ministérios (Ministério da Indústria e Turismo, por exemplo).

c) 3ª fase – Em 2003, o governo criou o Ministério do Turismo, juntamente com um Plano Nacional do Turismo (PNT) para explicitar o pensamento do governo e do setor produtivo e orientar as ações necessárias para consolidar o desenvolvimento do turismo. Ações governamentais juntamente com outras instituições públicas e privadas, que visam desenvolver essa atividade também foram marcas desta fase.

5. b

Capítulo 5

Questões para revisão

1. Para essa resposta, você deve definir três elementos do turismo (hospedagem, atrativo e restaurante, por exemplo) e um modelo de teoria sobre motivação (Maslow; Dann; Goeldner, Ritchie e McIntosh; Plog) e descrever como o turista toma a decisão para escolher esses elementos em sua viagem de acordo com a teoria eleita. Por exemplo: de acordo com a teoria de Plog (alocentrismo e psicocentrismo), o turista psicocêntrico escolhe a hospedagem que certamente lhe traz conforto e segurança, um atrativo que ele já conhece e um restaurante que ele também tem a certeza de contar com um cardápio que lhe convém. Já o turista alocêntrico escolhe uma hospedagem que ele não conhece e não tem expectativa a ser atendida, pois procura por aventura e coisas novas.

2. Para desenvolver essa resposta, você deve escolher um setor mercadológico e buscar informações que poderão nortear uma pesquisa de mercado para aquele segmento, fundamentadas em perguntas específicas que possibilitem respostas concretas, capazes de levantar informações para que o estabelecimento se planeje frente à sua demanda. Por exemplo: caso opte por um estabelecimento de meios de hospedagem, você deverá fazer perguntas específicas a esse setor, buscando informações sobre como o turista avalia seu equipamento. Podemos sugerir a seguinte pergunta, nesse caso: "Qual nota o(a) Sr(a). daria para o serviço de recepção? 1 – Péssimo, 2 – Ruim, 3 – Médio, 4 – Bom, 5 – Ótimo".
3. c
4. b
5. Você deve fundamentar sua resposta considerando os impactos positivos e negativos da cada leitura que faz das figuras – tanto econômicos quanto ambientais e socioculturais.

Sobre o autor

Marcos Eduardo Carvalho Gonçalves Knupp é doutor em Ciência Política, na linha de Estado, modernização e políticas públicas, pela Universidade Federal de Minas Gerais (UFMG); mestre em Administração pela Universidade Federal de Lavras (Ufla), na linha de organizações, estratégia e gestão, em que trabalhou com redes sociais e políticas de turismo, focando os circuitos turísticos de Minas Gerais; e bacharel em Turismo pela Universidade Federal de Ouro Preto (Ufop). Professor no curso de Turismo na Ufop, tem experiência na área de turismo, com ênfase em políticas de turismo, gestão de empresas turísticas e eventos, atuando principalmente nos seguintes temas: turismo, políticas públicas, empreendimentos turísticos, redes e organização de eventos.

Entre suas inúmeras publicações em periódicos científicos e eventos acadêmicos, nacionais e internacionais, destacam-se duas obras: *A educação ambiental como uma possibilidade futura e uma necessidade do presente: o turismo e o parque* (2012) e *A política de turismo e as organizações públicas: o caso dos circuitos turísticos de Minas Gerais* (2010).

Impressão:
Outubro/2015